TOPF MIT SAHNEKREATIONEN

Gönnen Sie sich 100 cremige Glückseligkeiten mit unwiderstehlichen Sahnetopf-Rezepten

Lina Frank

Urheberrechtliches Material ©2023

Alle Rechte vorbehalten.
Kein Teil dieses Buches darf ohne die entsprechende schriftliche Zustimmung des Herausgebers und Urheberrechtsinhabers in irgendeiner Form oder auf irgendeine Weise verwendet oder übertragen werden, mit Ausnahme von kurzen Zitaten, die in einer Rezension verwendet werden. Dieses Buch sollte nicht als Ersatz für medizinische, rechtliche oder andere professionelle Beratung betrachtet werden.

INHALTSVERZEICHNIS

INHALTSVERZEICHNIS 3
EINFÜHRUNG 7
FRUCHTIG 8
   1. Zitronentöpfe de Creme 9
   2. Pots de Creme mit Pflaumen und Armagnac 12
   3. Orangen-Kardamom-Pot de Crème 15
   4. Bananen-Kokos-Pot de Crème 17
   5. Brombeer-Basilikum Pot de Crème 19
   6. Pfirsich-Thymian-Pot de Crème 21
   7. Kirsch-Mandel-Pot de Crème 23
   8. Feigen-Balsamico-Pot de Crème 25
   9. Pots de Crème mit Himbeer-Pfeffer-Sauce 27
   10. Erdbeer-Pots de Crème mit Schokoladenüberzug 30
   11. Von Creamsicle inspirierter Pot de Crème 33
FRUCHT BRÛLÉE 36
   12. Grapefruit Pot de Crème 37
   13. Mango Pot de Crème 39
   14. Zitronen-Pot-de-Crème-Tarte 41
   15. Lemon Ice Pot de Crème mit Toffee 43
   16. Macadamia Pot de Crème mit tropischen Früchten 45
   17. Hot Banana Creme Pot de Crème 47
   18. Key Lime Creme Pot de Crème 49
   19. Erdbeer-Pot de Crème 51
   20. Schokoladen-Orangen-Pot de Crème 53
   21. Cremiger Obst-Pot de Crème 55
   22. Schokoladen-Pot de Crème mit karamellisierten Bananen ... 57
   23. Tapioka Pot de Crème mit frischen Sommerfrüchten 59
   24. Pot de Crème mit Himbeeren 61
SAUFEN 63
   25. Margarita Pot de Crème 64
   26. Pots de Creme Leopardo 66

27. Rum-Rosinen-Pot de Crème 68
28. Eierlikör Pots de Creme 70
29. Erdnuss-Pot de Crème mit Rotwein 73
30. Baileys Irish Cream Pot de Crème 76
31. Grand Marnier Chocolate Pot de Crème 78
32. Baileys Pot de Crème 80
33. Amaretto Pot de Crème 82
34. Pot de Crème mit Rum und Kokosnuss 84
35. Bourbon-Vanille-Pot de Crème 86
36. Kahlua Coffee Pot de Crème 88

SCHOKOLADE 90
37. Schokoladen-Pot de Creme 91
38. Pots de Creme aus Milchschokolade und weißer Schokolade 93
39. Presto Pots de Creme 96
40. Nutella Pots de Crème 98
41. Pots de Creme Pie 101

KAFFEE 103
42. Coffee Pots de Creme 104
43. Mokka Pots de Creme 107
44. Pots de Creme Javanaise 110
45. Dalgona Coffee Pot de Crème 113
46. Tiramisu Pots de Crème 116

KAFFEE BRÛLÉE 119
47. Dalgona Pot de Crème 120
48. Mokka Pot de Crème 122
49. Chicorée-Creme Pot de Crème 124
50. Espresso Pot de Crème 126
51. Dalgona Pot de Crème 128
52. Mokka Pot de Crème 130
53. Chicorée-Creme Pot de Crème 132
54. Espresso Pot de Crème 134

TEE 136
55. Earl Grey Pot de Crème 137

56. Chai-Teekanne de Crème	139
57. Matcha Pot de Crème	142
58. Rooibos Pot de Crème	144
59. Jasmine Pot de Crème	146

VEGGIE BRÛLÉE 148
60. Kürbisbrotpudding Pot de Crème	149
61. Ingwer Chile Creme Pot de Crème	151
62. Rhabarber Pot de Crème	153

BLUMEN 155
63. Rose Mawa Pots De Creme	156
64. Pot de Crème mit Rosen- und Pistazien-Toffeesplittern	159
65. Lavendel Pot de Crème	162
66. Rosen- und Granatapfel-Pots de Crème	164
67. Rose Pot de Crème	167
68. Orangenblüten-Pot de Crème	169
69. Lavendelcreme Pot de Crème	171
70. Rose Pot de Crème	173
71. Orangenblüten-Pot de Crème	175
72. Holunderblüten Pot de Crème	177
73. Violetter Pot de Crème	179

KRÄUTER & GEWÜRZE 181
74. Mint Chocolate Chip Pot de Crème	182
75. Rosmarin-Karamell-Topf	184
76. Rosen- und Safran-Pots de Crème	186
77. Lebkuchen Pot de Crème	189
78. Kürbis-Pot de Crème mit Ahorncreme	191
79. Zitronen-Lorbeer-Creme Pot de Crème	194
80. Kardamom Pot de Crème	196
81. Ingwer Pot de Crème	198
82. Mint Pot de Crème	200
83. Rosmarin Pot de Crème	202
84. Sternanis Pot de Crème	204
85. Zimt Pot de Crème	206

KÖRNER BRÛLÉE 208
86. Schottischer Haferflocken-Pot de Crème 209
87. Zuckermaiscreme Pot de Crème 211
88. Reispudding Pot de Crème 213

VERRÜCKT 215
89. Pistazien-Rosen-Topf 216
90. Honig-Nuss-Pot de Crème 218
91. Haselnuss Pot de Crème 220
92. Mandel Pot de Crème 222
93. Walnuss Pot de Crème 225
94. Pekannuss Pot de Crème 228
95. Mandel-Schokoladen-Pot de Crème 231
96. Nussiger Käse-Pot de Crème 233
97. Haselnuss Pot de Crème 235
98. Pistazien Pot de Crème 237
99. Walnuss Pot de Crème 239
100. Pekannuss Pot de Crème 241

ABSCHLUSS 243

EINFÜHRUNG

Willkommen bei TOPF MIT SAHNEKREATIONEN! In diesem exquisiten Kochbuch laden wir Sie ein, sich auf eine Reise des puren Genusses zu begeben und die reichhaltige und samtige Welt des Pot de Crème zu erkunden. Egal, ob Sie ein erfahrener Dessert-Enthusiast oder ein angehender Hobbykoch sind, diese Sammlung köstlicher Rezepte wird Ihren Gaumen verzaubern und Ihre kulinarischen Fähigkeiten verbessern.

Abgeleitet vom französischen Begriff TOPF MIT SAHNEKREATIONEN ein klassisches, luxuriöses Dessert, das sich über die Zeit bewährt hat. Unser Kochbuch ist eine Hommage an diesen zeitlosen Leckerbissen und verleiht ihm gleichzeitig modernen Flair und eine Prise Kreativität. Im Inneren finden Sie eine Reihe köstlicher Geschmacksrichtungen und Variationen, die alle sorgfältig zusammengestellt wurden, um zu begeistern und zu beeindrucken.

Bevor Sie in die Rezepte eintauchen, zeigen wir Ihnen wichtige Tipps und Techniken, damit Ihr Pot de Crème jedes Mal perfekt cremig und samtig wird. Von der Auswahl der besten Zutaten bis hin zur Beherrschung der heiklen Kunst der Pudding-Zubereitung sind Sie bei uns genau richtig.

Bereiten Sie sich darauf vor, die köstliche Magie von Schokolade, die zarten Nuancen von mit Früchten angereicherten Töpfen, die beruhigende Nostalgie klassischer Vanille und vieles mehr zu entdecken. Unser Ziel ist es, Ihnen dabei zu helfen, unvergessliche Momente mit Ihren Lieben zu schaffen und Ihren Zusammenkünften einen Hauch von Eleganz zu verleihen.

Ziehen Sie also Ihre Schürze an, packen Sie Ihre besten Kochutensilien ein und lassen Sie Ihrer kulinarischen Kreativität freien Lauf mit TOPF MIT SAHNEKREATIONEN. Lasst die Reise beginnen!

FRUCHTIG

1. Zitronentöpfe de Creme

ZUTATEN:
- 2 mittelgroße Zitronen
- ⅔ Tasse Kristallzucker
- 1 Ei
- 4 Eigelb
- 1 ¼ Tassen Sahne
- 5 Teelöffel Puderzucker
- 6 kandierte Veilchen (optional)

ANWEISUNGEN:
a) Heizen Sie den Ofen auf 325 °F (165 °C) vor.
b) Reiben Sie die Schale der Zitronen ab, um etwa 1 Teelöffel Zitronenschale zu erhalten. Drücken Sie die Zitronen aus, um eine halbe Tasse Zitronensaft zu gewinnen.
c) In einer Rührschüssel Kristallzucker, Ei und Eigelb verrühren, bis alles gut vermischt ist.
d) Nach und nach die Sahne unterrühren, bis sich der Zucker vollständig aufgelöst hat.
e) Lassen Sie die Mischung durch ein Sieb passieren, um eine glatte und klumpenfreie Creme zu erhalten. Rühren Sie die Zitronenschale ein, um der Mischung Zitronengeschmack zu verleihen.
f) Stellen Sie sechs ½-Tassen-Töpfe de Creme oder Souffléformen in eine tiefe Auflaufform.
g) Verteilen Sie die Zitronenmischung gleichmäßig auf die sechs Pots de Creme-Schalen.
h) Gießen Sie vorsichtig heißes Leitungswasser in die Auflaufform, sodass es bis auf einen Abstand von ½ Zoll über die Topfoberkante reicht. Dieses Wasserbad trägt dazu bei, dass die Vanillepuddings gleichmäßig garen.
i) Backen Sie die Vanillepuddings ohne Deckel im vorgeheizten Ofen etwa 35 bis 40 Minuten lang oder bis sie gerade in der Mitte fest sind. Beim leichten Schütteln sollten die Vanillepuddings in der Mitte leicht wackeln.
j) Sobald Sie fertig sind, nehmen Sie die Pots de Creme vorsichtig aus dem Wasserbad und stellen Sie sie zum vollständigen Abkühlen beiseite.

PORTION:
k) Bestäuben Sie vor dem Servieren die Oberfläche jedes Puddings mit Puderzucker, um ihm eine süße Note zu verleihen und die Präsentation zu verbessern.
l) Für einen eleganten und farbenfrohen Abschluss können Sie jedes Pot de Creme optional mit einem kandierten Veilchen garnieren.
m) Servieren Sie die Lemon Pots de Creme gekühlt und genießen Sie die herrlichen zitrischen und cremigen Aromen.

2. Pflaumen- und Armagnac-Pots de Creme

ZUTATEN:
- ⅔ Tasse leicht verpackte, entkernte Pflaumen, grob gehackt
- ⅓ Tasse Armagnac oder Brandy
- 2 Tassen Vollmilch
- 1 Tasse Schlagsahne
- 1 Vanilleschote, der Länge nach halbieren
- 6 große Eigelb
- ½ Tasse) Zucker

ANWEISUNGEN:

a) In einer kleinen Schüssel die gehackten Pflaumen und Armagnac (oder Brandy) vermischen. Lassen Sie die Mischung 1 Stunde lang stehen, damit sich die Aromen vermischen.
b) Heizen Sie den Ofen auf 350 °F (175 °C) vor.
c) In einem schweren großen Topf die Vollmilch und die Schlagsahne vermischen.
d) Kratzen Sie die Samen der Vanilleschote in die Milchmischung und fügen Sie dann auch die ganze Vanilleschote hinzu.
e) Die Milchmischung bei mittlerer Hitze zum Kochen bringen und dabei gelegentlich umrühren.
f) In einer großen Schüssel Eigelb und Zucker verrühren, bis alles gut vermischt ist.
g) Die heiße Milchmischung nach und nach unter die Eigelbmischung rühren. Entfernen Sie die Vanilleschote aus der Milchmischung.
h) Pflaumen und Armagnac unter die Vanillesoße rühren.
i) Die Puddingmischung in acht ⅔-Tassen-Auflaufformen füllen und darauf achten, dass die Pflaumen gleichmäßig verteilt sind.
j) Legen Sie die Souffleformen in eine große Backform.
k) Gießen Sie so viel heißes Wasser in die Backform, dass es bis zur Hälfte des Randes der Auflaufform reicht. Dieses Wasserbad trägt dazu bei, dass die Vanillepuddings gleichmäßig garen.
l) Backen Sie die Vanillepuddings im vorgeheizten Ofen etwa 35 Minuten lang oder bis sie fest sind.
m) Die Souffleformen aus dem Wasserbad nehmen und abkühlen lassen.
n) Decken Sie die Vanillepuddings ab und stellen Sie sie in den Kühlschrank, bis sie kalt sind. Dies sollte mindestens 3 Stunden dauern. Für noch bessere Aromen können Sie sie auch über Nacht in den Kühlschrank stellen.
o) Genießen Sie die köstlichen und reichhaltigen Pflaumen-Armagnac-Pots de Creme als köstliches Dessert!

3. Orangen-Kardamom-Pot de Crème

ZUTATEN:
- 2 Tassen Sahne
- 1 Teelöffel gemahlener Kardamom
- Schale von 1 Orange
- ½ Tasse Kristallzucker
- 6 große Eigelb

ANWEISUNGEN:
a) In einem Topf die Sahne, den gemahlenen Kardamom und die Orangenschale erhitzen, bis es zu köcheln beginnt. Vom Herd nehmen und 15 Minuten ziehen lassen.
b) In einer separaten Schüssel Zucker und Eigelb verrühren, bis alles gut vermischt ist.
c) Gießen Sie die eingeweichte Sahnemischung langsam unter ständigem Rühren in die Eigelbe.
d) Die Mischung durch ein feines Sieb in einzelne Pots de Creme-Tassen abseihen.
e) Im Wasserbad bei 160 °C etwa 30 Minuten backen oder bis die Ränder fest sind, die Mitte jedoch leicht wackelt.
f) Vor dem Servieren mindestens 4 Stunden im Kühlschrank ruhen lassen.

4. Bananen-Kokos-Pot de Crème

ZUTATEN:
- 2 Tassen Kokosmilch
- ½ Tasse Kristallzucker
- 6 große Eigelb
- 1 Teelöffel Vanilleextrakt
- 2 reife Bananen, zerdrückt
- Geröstete Kokosraspeln zum Garnieren

ANWEISUNGEN:
a) In einem Topf Kokosmilch und Zucker erhitzen, bis es zu köcheln beginnt.
b) In einer separaten Schüssel Eigelb und Vanilleextrakt glatt rühren.
c) Gießen Sie die heiße Kokosmilchmischung langsam unter ständigem Rühren in die Eigelbe.
d) Die zerdrückten Bananen unterrühren, bis alles gut vermischt ist.
e) Gießen Sie die Mischung in einzelne Pots de Creme-Becher und stellen Sie sie vor dem Servieren mindestens 3 Stunden lang in den Kühlschrank.
f) Vor dem Servieren mit gerösteten Kokosraspeln garnieren.

5. Brombeer-Basilikum Pot de Crème

ZUTATEN:

- 2 Tassen Sahne
- ½ Tasse Kristallzucker
- 6 große Eigelb
- 1 Tasse frische Brombeeren
- ¼ Tasse frische Basilikumblätter, gehackt
- Brombeeren und Basilikumblätter zum Garnieren

ANWEISUNGEN:

a) In einem Topf Sahne und Zucker erhitzen, bis es zu köcheln beginnt.

b) Frische Brombeeren und gehackte Basilikumblätter unterrühren.

c) Vom Herd nehmen und 20 Minuten ziehen lassen.

d) In einer Küchenmaschine oder einem Mixer die mit Brombeeren und Basilikum angereicherte Sahne pürieren, bis eine glatte Masse entsteht.

e) In einer separaten Schüssel die Eigelbe verrühren, bis eine glatte Masse entsteht.

f) Die heiße Brombeer-Basilikum-Sahne-Mischung unter ständigem Rühren langsam in die Eigelbe gießen.

g) Gießen Sie die Mischung in einzelne Pots de Creme-Becher und stellen Sie sie vor dem Servieren mindestens 3 Stunden lang in den Kühlschrank.

h) Vor dem Servieren mit frischen Brombeeren und Basilikumblättern garnieren.

6. Pfirsich-Thymian-Pot de Crème

ZUTATEN:
- 2 Tassen Sahne
- ½ Tasse Kristallzucker
- 6 große Eigelb
- 1 Teelöffel Vanilleextrakt
- 1 reifer Pfirsich, geschält und gewürfelt
- 1 Esslöffel frische Thymianblätter

ANWEISUNGEN:

a) In einem Topf Sahne und Zucker erhitzen, bis es zu köcheln beginnt.

b) Den gewürfelten Pfirsich und die frischen Thymianblätter unterrühren.

c) Vom Herd nehmen und 30 Minuten ziehen lassen.

d) In einer Küchenmaschine oder einem Mixer die mit Pfirsich und Thymian angereicherte Sahne pürieren, bis eine glatte Masse entsteht.

e) In einer separaten Schüssel Eigelb und Vanilleextrakt glatt rühren.

f) Gießen Sie die heiße Pfirsich-Thymian-Sahne-Mischung langsam unter ständigem Rühren in die Eigelbe.

g) Gießen Sie die Mischung in einzelne Pots de Creme-Becher und stellen Sie sie vor dem Servieren mindestens 4 Stunden lang in den Kühlschrank.

7. Kirsch-Mandel-Pot de Crème

ZUTATEN:
- 2 Tassen Sahne
- ½ Tasse Kristallzucker
- 6 große Eigelb
- 1 Teelöffel Mandelextrakt
- 1 Tasse frische Kirschen, entkernt und halbiert
- Gehobelte Mandeln und frische Kirschen zum Garnieren

ANWEISUNGEN:
a) In einem Topf Sahne und Zucker erhitzen, bis es zu köcheln beginnt.
b) Die halbierten frischen Kirschen unterrühren.
c) Vom Herd nehmen und 15 Minuten ziehen lassen.
d) In einer separaten Schüssel Eigelb und Mandelextrakt glatt rühren.
e) Gießen Sie die heiße, mit Kirschen angereicherte Sahnemischung langsam unter ständigem Rühren in die Eigelbe.
f) Gießen Sie die Mischung in einzelne Pots de Creme-Becher und stellen Sie sie vor dem Servieren mindestens 4 Stunden lang in den Kühlschrank.
g) Vor dem Servieren mit Mandelblättchen und frischen Kirschen garnieren.

8. Feigen-Balsamico-Pot de Crème

ZUTATEN:
- 2 Tassen Sahne
- ½ Tasse Kristallzucker
- 6 große Eigelb
- 1 Teelöffel Vanilleextrakt
- 1 Tasse frische Feigen, gehackt
- 2 Esslöffel Balsamico-Reduktion
- Frische Feigen und ein Schuss Balsamico-Reduktion zum Garnieren

ANWEISUNGEN:
a) In einem Topf Sahne und Zucker erhitzen, bis es zu köcheln beginnt.
b) Die gehackten frischen Feigen unterrühren.
c) Vom Herd nehmen und 15 Minuten ziehen lassen.
d) In einer separaten Schüssel Eigelb und Vanilleextrakt glatt rühren.
e) Gießen Sie die heiße, mit Feigen angereicherte Sahnemischung langsam unter ständigem Rühren in die Eigelbe.
f) Die Balsamico-Reduktion unterrühren.
g) Gießen Sie die Mischung in einzelne Pots de Creme-Becher und stellen Sie sie vor dem Servieren mindestens 4 Stunden lang in den Kühlschrank.
h) Vor dem Servieren mit frischen Feigen und einem Schuss Balsamico-Reduktion garnieren.

9. Pots de Crème mit Himbeer-Pfeffer-Sauce

ZUTATEN:
FÜR DIE POTS DE CRÈME
- 8 Unzen weiße Schokolade
- 5 große Eier, Eigelb
- ¼ Tasse Kristallzucker
- 1 Teelöffel Zitronenschale
- 1 Esslöffel Zitronenextrakt
- ¼ Teelöffel Salz
- ½ Tasse Sahne
- ½ Tasse Vollmilch

FÜR DIE HIMBEERSOSSE
- 2 Tassen frische Himbeeren
- ¾ Tasse ungesüßter Apfelsaft
- ½ Teelöffel rosa Pfefferkörner, zerstoßen
- ½ Teelöffel gemahlener Kardamom
- Prise Salz

ANWEISUNGEN:
FÜR DIE POTS DE Crème

a) Heizen Sie Ihren Backofen auf 325 °F (160 °C) vor. Stellen Sie sechs 170-ml-Auflaufförmchen oder Puddingförmchen in eine Auflaufform.

b) Brechen Sie die weiße Schokolade in einer hitzebeständigen Schüssel in kleine Stücke. Stellen Sie die Schüssel über einen Topf mit kochendem Wasser (Wasserbad) und schmelzen Sie die weiße Schokolade unter gelegentlichem Rühren, bis eine glatte Masse entsteht. Vom Herd nehmen und beiseite stellen.

c) In einer separaten Rührschüssel Eigelb, Kristallzucker, Zitronenschale, Zitronenextrakt und Salz verrühren, bis alles gut vermischt ist.

d) In einem Topf die Sahne und die Vollmilch vermischen. Erhitzen Sie die Mischung bei mittlerer Hitze und rühren Sie dabei gelegentlich um, bis sie gerade anfängt zu köcheln. Lassen Sie es nicht kochen.

e) Gießen Sie die heiße Sahnemischung langsam unter ständigem Rühren in die Eigelbmischung.

f) Gießen Sie nach und nach die warme Sahne-Ei-Mischung unter ständigem Rühren in die geschmolzene weiße Schokolade, bis alles gut vermischt ist.

g) Die Mischung durch ein feinmaschiges Sieb in einen Krug oder eine Gießkanne abseihen, um etwaige Klumpen zu entfernen und eine glatte Konsistenz zu gewährleisten.

h) Verteilen Sie die weiße Schokoladenmischung auf die Auflaufförmchen und füllen Sie sie fast bis zum Rand.

i) Erstellen Sie ein Wasserbad für die Pots de Crème, indem Sie die Auflaufform mit heißem Wasser füllen, bis es etwa bis zur Hälfte des Randes der Auflaufförmchen reicht.

j) Schieben Sie die Auflaufform vorsichtig in den vorgeheizten Ofen und backen Sie die Pots de Crème etwa 30 bis 35 Minuten lang oder bis die Ränder fest sind, die Mitte jedoch noch leicht wackelt.

k) Nehmen Sie die Auflaufförmchen aus dem Wasserbad und lassen Sie sie auf Raumtemperatur abkühlen. Decken Sie dann jede Auflaufform mit Plastikfolie ab und stellen Sie sie mindestens 4 Stunden oder vorzugsweise über Nacht in den Kühlschrank, damit sie abkühlen und fest werden kann.

l) Für die Himbeer-Rosa-Pfeffer-Sauce:

m) In einem Topf die frischen Himbeeren, den ungesüßten Apfelsaft, die zerstoßenen rosa Pfefferkörner, den gemahlenen Kardamom und eine Prise Salz vermischen.

n) Die Mischung bei mittlerer Hitze köcheln lassen und dabei gelegentlich umrühren.

o) Die Soße etwa 8–10 Minuten weiter köcheln lassen, oder bis die Himbeeren zerfallen und die Soße leicht eindickt.

p) Die Soße vom Herd nehmen und einige Minuten abkühlen lassen.

q) Geben Sie die Sauce in einen Mixer oder pürieren Sie sie mit einem Stabmixer, bis sie glatt ist. Wenn Sie eine glattere Sauce bevorzugen, gießen Sie sie durch ein feinmaschiges Sieb, um alle Kerne oder größeren Stücke zu entfernen.

r) Lassen Sie die Sauce vollständig abkühlen und stellen Sie sie dann bis zum Servieren in den Kühlschrank.

MONTAGE:

s) Sobald die Pots de Crème abgekühlt und fest geworden sind, geben Sie jeweils einen Spritzer Himbeer-Rosa-Pfeffer-Sauce darüber.

t) Optional können Sie jedes Pot de Crème für eine schöne Präsentation mit ein paar frischen Himbeeren oder einer Prise zerstoßener rosa Pfefferkörner garnieren.

10. Erdbeer-Pots de Crème mit Schokoladenüberzug

ZUTATEN:
FÜR DIE GERÖSTETEN ERDBEEREN:
- 1 Pfund frische Erdbeeren, geschält und halbiert
- 2 Esslöffel Kristallzucker
- 1 Esslöffel Balsamico-Essig (optional)

FÜR DIE SCHOKOLADENPOTS DE Crème
- 8 Unzen halbsüße oder dunkle Schokolade, fein gehackt
- 4 große Eigelb
- ¼ Tasse Kristallzucker
- 1 Teelöffel Vanilleextrakt
- Prise Salz
- 1 ½ Tassen Sahne
- ½ Tasse Vollmilch

ZUM GARNIEREN (OPTIONAL):
- Zusätzlich frische Erdbeeren
- Schlagsahne
- Schokoladenraspeln oder geriebene Schokolade

Anweisungen:
Heizen Sie Ihren Backofen auf 400 °F (200 °C) vor. Ein Backblech mit Backpapier auslegen.

In einer Rührschüssel die halbierten Erdbeeren mit Kristallzucker und Balsamico-Essig (falls verwendet) vermengen, bis sie gut bedeckt sind. Die Erdbeeren in einer einzigen Schicht auf dem vorbereiteten Backblech verteilen.

Rösten Sie die Erdbeeren im vorgeheizten Ofen etwa 15–20 Minuten lang oder bis sie weich sind und ihren Saft abgeben. Aus dem Ofen nehmen und abkühlen lassen.

In der Zwischenzeit die Schoko-Pots de Crème zubereiten. Die fein gehackte Schokolade in eine hitzebeständige Schüssel geben.

In einer separaten Schüssel Eigelb, Kristallzucker, Vanilleextrakt und eine Prise Salz gut verrühren.

In einem Topf die Sahne und die Vollmilch bei mittlerer Hitze erhitzen, bis sie zu köcheln beginnen. Kurz bevor es kocht, vom Herd nehmen.

Gießen Sie die heiße Sahnemischung langsam unter ständigem Rühren über die gehackte Schokolade, bis die Schokolade geschmolzen und die Mischung glatt ist.

Gießen Sie die Schokoladenmischung nach und nach unter ständigem Rühren in die Schüssel mit den Eigelben, damit die Eier nicht gerinnen.

Die gemischte Mischung durch ein feinmaschiges Sieb in einen Krug oder eine Gießkanne abseihen, um etwaige Klumpen zu entfernen.

Heizen Sie Ihren Backofen auf 325 °F (160 °C) vor.

Ordnen Sie sechs 6-Unzen-Auflaufförmchen oder Puddingbecher in einer Auflaufform an. Die gerösteten Erdbeeren auf die Auflaufförmchen verteilen.

Gießen Sie die Schokoladenmischung über die Erdbeeren und füllen Sie jede Auflaufform fast bis zum Rand.

Schieben Sie die Auflaufform mit den Auflaufförmchen vorsichtig in den Ofen. Füllen Sie die Auflaufform mit heißem Wasser, bis es etwa bis zur Hälfte des Randes der Auflaufförmchen reicht, sodass ein Wasserbad entsteht.

Backen Sie die Pots de Crème im Wasserbad etwa 30–35 Minuten lang oder bis die Ränder fest, die Mitte aber noch leicht wackelig sind.

Nehmen Sie die Auflaufförmchen aus dem Wasserbad und lassen Sie sie auf Raumtemperatur abkühlen. Decken Sie dann jede Auflaufform mit Plastikfolie ab und stellen Sie sie mindestens 4 Stunden oder über Nacht in den Kühlschrank, damit sie abkühlen und fest werden kann.

Vor dem Servieren können Sie jedes Pot de Crème mit frischen Erdbeeren, einem Klecks Schlagsahne und Schokoladenraspeln oder geriebener Schokolade garnieren.

Genießen Sie die reichhaltigen und dekadenten, mit Schokolade überzogenen gerösteten Erdbeer-Pots de Crème als köstliches Dessert!

11. Von Creamsicle inspirierter Pot de Crème

ZUTATEN:
FÜR VANILLE-CUSTARD:
- 1 Vanilleschote, geteilt
- 1 ¾ Tassen halb und halb
- 5 große Eigelb
- ¼ Tasse Kristallzucker
- ⅛ Teelöffel Meersalz

FÜR ORANGE SCHICHT:
- 2 Tassen frisch gepresste Orangen- und Mandarinensäfte
- Schale von 1 Orange
- ¼ Teelöffel Vanilleextrakt
- 1 Tropfen Mandelextrakt
- 1 Esslöffel Honig
- 3 Esslöffel Kristallzucker
- 1 Esslöffel Maisstärke

ANWEISUNGEN:
a) Teilen Sie die Vanilleschote in zwei Hälften und kratzen Sie das Mark in einen mikrowellengeeigneten Messbecher. Fügen Sie die ganze Bohne und die Hälfte und die Hälfte hinzu und stellen Sie sie dann 3 Minuten lang in die Mikrowelle. Mit Frischhaltefolie abdecken und mindestens 30 Minuten ziehen lassen. In der Zwischenzeit das Eigelb vom Eiweiß trennen.

b) Entsaften Sie die Zitrusfrüchte, bis Sie 2 Tassen Saft haben. Das Fruchtfleisch durch ein feinmaschiges Sieb abseihen.

c) Heizen Sie Ihren Backofen auf 325 Grad Fahrenheit (160 Grad Celsius) vor.

d) In einem Wasserbad (das Wasser darf den oberen Topf nicht berühren und nur bei mittlerer Hitze köcheln, nicht kochen) die Eigelbe mit dem Zucker und Salz verquirlen, bis sie leicht gefärbt und gut eingearbeitet sind.

e) Gießen Sie langsam die Mischung zur Hälfte und zur Hälfte (einschließlich der Vanilleschotenstücke und -samen) hinzu und rühren Sie weiter, bis die Mischung gut vermischt ist.

f) Unter ständigem Rühren 4–5 Minuten weiterkochen, bis die Mischung eindickt und die Rückseite eines Löffels bedeckt. Der Vanillepudding sollte nicht flüssig sein.

g) Vom Herd nehmen und durch ein feinmaschiges Sieb passieren, um alle Eiergerinnsel und die Vanilleschote zu entfernen. Bewahren Sie die Vanilleschote zur späteren Verwendung auf.

h) Orangenschichten: In einem kleinen Topf Zitrussäfte, Honig und Zucker vermischen und bei mittlerer Hitze kochen, bis die Mischung fast auf die Hälfte reduziert ist. Maisstärke hinzufügen und kochen, bis die Mischung eindickt, aber noch gießbar ist. Beim Abkühlen wird es immer dicker. Fügen Sie die Vanille- und Mandelextrakte hinzu und passen Sie die Süße nach Geschmack an.

i) Mischen Sie eine halbe Tasse Orangenmischung mit einer halben Tasse Vanillesoße und rühren Sie, bis alles gut vermischt ist. Bewahren Sie den Rest der Orangenmischung für die untere und obere Schicht des Desserts auf.

j) Schichten Sie Ihren Pot de Crème wie ein Cremesicle auf. Gießen Sie die reine Orangensauce auf den Boden Ihrer Behälter, gefolgt von der Orangen-Vanille-Mischung, dann der Vanillecreme und geben Sie abschließend die Orangensauce darüber. Sollte die Orangensauce beim Abkühlen zu stark eindicken, etwas Saft oder Wasser hinzufügen, um sie zu verdünnen.

k) Stellen Sie die gefüllten Behälter in eine tiefe Auflaufform und gießen Sie heißes Wasser in die Auflaufform, bis es bis zur Hälfte der Puddingtöpfe reicht. Decken Sie die Form locker mit Folie ab und backen Sie sie 35–45 Minuten lang. Der Vanillepudding sollte leicht wackelig sein und wird beim Abkühlen weiter fest.

l) Aus dem Ofen nehmen, auf einem Backgitter abkühlen lassen, dann mit Frischhaltefolie abdecken und vor dem Servieren mindestens 4 Stunden kalt stellen. Das Dessert kann im Voraus zubereitet und bis zu 2 Tage aufbewahrt werden.

FRUCHT BRÛLÉE

12. Grapefruit Pot de Crème

ZUTATEN:
- 2 Grapefruits
- 4 Esslöffel Kristallzucker
- Eine Prise Salz

ANWEISUNGEN

a) Heizen Sie den Grill in Ihrem Ofen vor.

b) Die Grapefruits halbieren und mit einem scharfen Messer das Fruchtfleisch von der Schale lösen.

c) Auf jede Grapefruithälfte eine Prise Salz streuen.

d) Streuen Sie einen Esslöffel Kristallzucker auf jede Grapefruithälfte und verteilen Sie ihn gleichmäßig.

e) Legen Sie die Grapefruithälften auf ein Backblech und legen Sie sie etwa 5–7 Minuten lang unter den Grill, bis der Zucker oben karamellisiert und goldbraun geworden ist.

f) Nehmen Sie die Grapefruithälften aus dem Ofen und lassen Sie sie vor dem Servieren einige Minuten abkühlen.

13. Mango Pot de Crème

ZUTATEN:
- 2 reife Mangos
- 4 Esslöffel Kristallzucker
- 1 Teelöffel Vanilleextrakt

ANWEISUNGEN:
a) Heizen Sie Ihren Backofen auf die Grillstufe vor.
b) Die Mangos schälen und das Fruchtfleisch in kleine Würfel schneiden.
c) Verteilen Sie die Mangowürfel gleichmäßig auf 4 einzelne Auflaufförmchen oder ofenfeste Schüsseln.
d) In einer kleinen Schüssel Kristallzucker und Vanilleextrakt gut vermischen.
e) Streuen Sie die Zuckermischung über die Mangowürfel und achten Sie darauf, dass jede Auflaufform gleichmäßig bedeckt ist.
f) Legen Sie die Auflaufförmchen auf ein Backblech und schieben Sie sie in den Ofen.
g) Etwa 5–7 Minuten braten, bis der Zucker geschmolzen und karamellisiert ist. Behalten Sie sie gut im Auge, um Verbrennungen zu vermeiden.
h) Nehmen Sie die Auflaufförmchen aus dem Ofen und lassen Sie sie einige Minuten abkühlen.
i) Streuen Sie etwa einen Esslöffel braunen Zucker gleichmäßig über jede Auflaufform.
j) Lassen Sie den Pot de Crème vor dem Servieren einige Minuten abkühlen.

14. Zitronen-Pot-de-Crème-Tarte

ZUTATEN:
FÜR DIE KRUSTE:
- 1 ½ Tassen Graham-Cracker-Krümel
- 6 Esslöffel ungesalzene Butter, geschmolzen
- ¼ Tasse Kristallzucker

FÜR DIE FÜLLUNG:
- 4 Eigelb
- 1 Dose (14 Unzen) gesüßte Kondensmilch
- ½ Tasse frischer Zitronensaft
- 1 Esslöffel abgeriebene Zitronenschale

ANWEISUNGEN:
a) Heizen Sie Ihren Backofen auf 350 °F (175 °C) vor.
b) In einer Schüssel die Graham-Cracker-Krümel, die geschmolzene Butter und den Zucker vermengen. Drücken Sie die Mischung auf den Boden und die Seiten einer Tarteform.
c) In einer separaten Schüssel Eigelb, gesüßte Kondensmilch, Zitronensaft und Zitronenschale verrühren, bis alles gut vermischt ist.
d) Gießen Sie die Zitronenfüllung in die vorbereitete Kruste.
e) Etwa 15–20 Minuten backen oder bis die Füllung fest ist.
f) Aus dem Ofen nehmen und auf Raumtemperatur abkühlen lassen. Dann mindestens 2 Stunden lang oder bis es abgekühlt ist in den Kühlschrank stellen.
g) Lassen Sie den Zucker einige Minuten lang aushärten, schneiden Sie ihn dann in Scheiben und servieren Sie ihn.

15. Lemon Ice Pot de Crème mit Toffee

ZUTATEN:
- 1 Tasse Sahne
- 1 Tasse Vollmilch
- 4 Eigelb
- ½ Tasse Kristallzucker
- 1 Esslöffel abgeriebene Zitronenschale
- ¼ Tasse Zitronensaft
- ½ Tasse Toffeestückchen
- Himbeeren zum Servieren

ANWEISUNGEN:
a) In einem Topf Sahne, Vollmilch und Zitronenschale bei mittlerer Hitze erhitzen, bis es zu köcheln beginnt. Vom Herd nehmen.
b) In einer separaten Schüssel Eigelb, Zucker und Zitronensaft verrühren, bis alles gut vermischt ist.
c) Gießen Sie die heiße Sahnemischung langsam unter ständigem Rühren in die Eigelbmischung.
d) Die Mischung wieder in den Topf geben und bei schwacher Hitze unter ständigem Rühren kochen, bis sie eindickt und die Rückseite eines Löffels bedeckt. Lassen Sie es nicht kochen.
e) Vom Herd nehmen und die Mischung auf Raumtemperatur abkühlen lassen. Anschließend mindestens 4 Stunden oder über Nacht in den Kühlschrank stellen.
f) Gießen Sie die gekühlte Mischung in eine Eismaschine und rühren Sie sie gemäß den Anweisungen des Herstellers um.
g) Während der letzten Minuten des Umrührens die Toffeestückchen hinzufügen und weiter umrühren, bis sie gleichmäßig verteilt sind.
h) Geben Sie das umgeschlagene Eis in einen Behälter und gefrieren Sie es mindestens 2 Stunden lang, damit es fester wird.

16. Macadamia Pot de Crème mit tropischen Früchten

ZUTATEN:
- 1 Tasse Sahne
- 1 Tasse Vollmilch
- ½ Tasse Macadamianüsse, fein gehackt
- 4 Eigelb
- ½ Tasse Kristallzucker
- 1 Teelöffel Vanilleextrakt
- Verschiedene tropische Früchte (wie Mango, Ananas und Papaya) zum Servieren

ANWEISUNGEN:
a) Heizen Sie Ihren Backofen auf 325 °F (160 °C) vor.
b) In einem Topf die Sahne, die Vollmilch und die Macadamianüsse bei mittlerer Hitze erhitzen, bis alles zu köcheln beginnt. Vom Herd nehmen und die Macadamianüsse etwa 10 Minuten ziehen lassen.
c) In einer separaten Schüssel Eigelb, Zucker und Vanilleextrakt verrühren, bis alles gut vermischt ist.
d) Die aufgegossene Sahnemischung durch ein feinmaschiges Sieb in die Schüssel mit der Eigelbmischung abseihen, dabei die Macadamia-Nüsse wegwerfen.
e) Verteilen Sie die Mischung auf Auflaufförmchen oder ofenfeste Schüsseln.
f) Legen Sie die Auflaufförmchen in eine Auflaufform und füllen Sie die Form mit heißem Wasser, bis es bis zur Hälfte des Randes der Auflaufförmchen reicht.
g) Etwa 35–40 Minuten backen, oder bis die Creme fest, aber in der Mitte noch leicht wackelig ist.
h) Nehmen Sie die Auflaufförmchen aus dem Wasserbad und lassen Sie sie auf Raumtemperatur abkühlen. Anschließend mindestens 2 Stunden oder über Nacht in den Kühlschrank stellen.
i) Servieren Sie den Macadamia-Nuss-Pot de Crème mit einer Beilage verschiedener tropischer Früchte und genießen Sie ihn.

17. Heiße Bananencreme Pot de Crème

ZUTATEN:
- 4 reife Bananen
- 1 Tasse Sahne
- 1 Tasse Vollmilch
- 4 Eigelb
- ½ Tasse Kristallzucker
- 1 Teelöffel Vanilleextrakt

ANWEISUNGEN:
a) Heizen Sie Ihren Backofen auf 325 °F (160 °C) vor.
b) Die Bananen in einer Schüssel zerdrücken, bis eine glatte Masse entsteht.
c) In einem Topf Sahne und Milch bei mittlerer Hitze erhitzen, bis sie zu köcheln beginnt.
d) In einer separaten Schüssel Eigelb, Zucker und Vanilleextrakt verrühren, bis alles gut vermischt ist.
e) Gießen Sie die heiße Sahnemischung langsam unter ständigem Rühren in die Eigelbmischung.
f) Die zerdrückten Bananen zu der Mischung hinzufügen und gut umrühren.
g) Verteilen Sie die Mischung auf Auflaufförmchen oder ofenfeste Schüsseln.
h) Legen Sie die Auflaufförmchen in eine Auflaufform und füllen Sie die Form mit heißem Wasser, bis es bis zur Hälfte des Randes der Auflaufförmchen reicht.
i) Etwa 35–40 Minuten backen, oder bis die Creme fest, aber in der Mitte noch leicht wackelig ist.
j) Nehmen Sie die Auflaufförmchen aus dem Wasserbad und lassen Sie sie auf Raumtemperatur abkühlen. Anschließend mindestens 2 Stunden oder über Nacht in den Kühlschrank stellen.

18. Key Lime Creme Pot de Crème

ZUTATEN:
- 1 Tasse Sahne
- 1 Tasse Vollmilch
- 4 Eigelb
- ½ Tasse Kristallzucker
- ¼ Tasse Limettensaft
- Schale von 2 Limetten

ANWEISUNGEN:
a) Heizen Sie Ihren Backofen auf 325 °F (160 °C) vor.
b) In einem Topf Sahne und Milch bei mittlerer Hitze erhitzen, bis sie zu köcheln beginnt.
c) In einer separaten Schüssel Eigelb und Zucker verrühren, bis alles gut vermischt ist.
d) Gießen Sie die heiße Sahnemischung langsam unter ständigem Rühren in die Eigelbmischung.
e) Den Saft und die Schale der Limette zur Mischung hinzufügen und gut umrühren.
f) Verteilen Sie die Mischung auf Auflaufförmchen oder ofenfeste Schüsseln.
g) Legen Sie die Auflaufförmchen in eine Auflaufform und füllen Sie die Form mit heißem Wasser, bis es bis zur Hälfte des Randes der Auflaufförmchen reicht.
h) Etwa 35–40 Minuten backen, oder bis die Creme fest, aber in der Mitte noch leicht wackelig ist.
i) Nehmen Sie die Auflaufförmchen aus dem Wasserbad und lassen Sie sie auf Raumtemperatur abkühlen. Anschließend mindestens 2 Stunden oder über Nacht in den Kühlschrank stellen.

19. Erdbeer-Pot de Crème

ZUTATEN:
- 1 Tasse Sahne
- 1 Tasse Vollmilch
- 4 Eigelb
- ½ Tasse Kristallzucker
- 1 Teelöffel Vanilleextrakt
- 1 Tasse frische Erdbeeren, geschält und in Scheiben geschnitten

ANWEISUNGEN:
a) Heizen Sie Ihren Backofen auf 325 °F (160 °C) vor.
b) In einem Topf Sahne, Vollmilch und Vanilleextrakt bei mittlerer Hitze erhitzen, bis es zu köcheln beginnt. Vom Herd nehmen.
c) In einer separaten Schüssel Eigelb und Zucker verrühren, bis alles gut vermischt ist.
d) Gießen Sie die heiße Sahnemischung langsam unter ständigem Rühren in die Eigelbmischung.
e) Verteilen Sie die geschnittenen Erdbeeren auf Auflaufförmchen oder ofenfeste Schüsseln.
f) Die Vanillepudding-Mischung über die Erdbeeren gießen.
g) Legen Sie die Auflaufförmchen in eine Auflaufform und füllen Sie die Form mit heißem Wasser, bis es bis zur Hälfte des Randes der Auflaufförmchen reicht.
h) Etwa 35–40 Minuten backen, oder bis die Creme fest, aber in der Mitte noch leicht wackelig ist.
i) Nehmen Sie die Auflaufförmchen aus dem Wasserbad und lassen Sie sie auf Raumtemperatur abkühlen. Anschließend mindestens 2 Stunden oder über Nacht in den Kühlschrank stellen.

20. Schokoladen-Orangen-Pot de Crème

ZUTATEN:
- 1 Tasse Sahne
- 1 Tasse Vollmilch
- 4 Eigelb
- ½ Tasse Kristallzucker
- Schale von 1 Orange
- 4 Unzen bittersüße Schokolade, fein gehackt

ANWEISUNGEN:
a) Heizen Sie Ihren Backofen auf 325 °F (160 °C) vor.
b) In einem Topf Sahne, Vollmilch und Orangenschale bei mittlerer Hitze erhitzen, bis es zu köcheln beginnt. Vom Herd nehmen und die Orangenschale etwa 10 Minuten ziehen lassen.
c) In einer separaten Schüssel Eigelb und Zucker verrühren, bis alles gut vermischt ist.
d) Die fein gehackte Schokolade in eine hitzebeständige Schüssel geben.
e) Die angerührte Sahnemischung durch ein feinmaschiges Sieb in die Schüssel mit der gehackten Schokolade abseihen, dabei die Orangenschale entfernen.
f) Lassen Sie die Mischung eine Minute ruhen, damit die Schokolade schmelzen kann, und verrühren Sie sie dann, bis sie glatt ist.
g) Gießen Sie die mit Schokolade angereicherte Sahnemischung langsam unter ständigem Rühren in die Eigelbmischung.
h) Verteilen Sie die Mischung auf Auflaufförmchen oder ofenfeste Schüsseln.
i) Legen Sie die Auflaufförmchen in eine Auflaufform und füllen Sie die Form mit heißem Wasser, bis es bis zur Hälfte des Randes der Auflaufförmchen reicht.
j) Etwa 35–40 Minuten backen, oder bis die Creme fest, aber in der Mitte noch leicht wackelig ist.
k) Nehmen Sie die Auflaufförmchen aus dem Wasserbad und lassen Sie sie auf Raumtemperatur abkühlen. Anschließend mindestens 2 Stunden oder über Nacht in den Kühlschrank stellen.

21. Cremiger Frucht-Pot de Crème

ZUTATEN:
- Verschiedene frische Früchte (wie Beeren, Pfirsichscheiben oder Mango) zum Servieren
- 1 Tasse Sahne
- 1 Tasse Vollmilch
- 4 Eigelb
- ½ Tasse Kristallzucker
- 1 Teelöffel Vanilleextrakt

ANWEISUNGEN:
a) Heizen Sie Ihren Backofen auf 325 °F (160 °C) vor.
b) Legen Sie die frischen Früchte auf den Boden einzelner Auflaufförmchen oder ofenfester Schüsseln.
c) In einem Topf Sahne, Vollmilch und Vanilleextrakt bei mittlerer Hitze erhitzen, bis es zu köcheln beginnt. Vom Herd nehmen.
d) In einer separaten Schüssel Eigelb und Zucker verrühren, bis alles gut vermischt ist.
e) Gießen Sie die heiße Sahnemischung langsam unter ständigem Rühren in die Eigelbmischung.
f) Verteilen Sie die Vanillepuddingmischung auf die Auflaufförmchen und gießen Sie sie über die frischen Früchte.
g) Legen Sie die Auflaufförmchen in eine Auflaufform und füllen Sie die Form mit heißem Wasser, bis es bis zur Hälfte des Randes der Auflaufförmchen reicht.
h) Etwa 35–40 Minuten backen, oder bis die Creme fest, aber in der Mitte noch leicht wackelig ist.
i) Nehmen Sie die Auflaufförmchen aus dem Wasserbad und lassen Sie sie auf Raumtemperatur abkühlen. Anschließend mindestens 2 Stunden oder über Nacht in den Kühlschrank stellen.

22. Schokoladen-Pot de Crème mit karamellisierten Bananen

ZUTATEN:
- 1 Tasse Sahne
- 1 Tasse Vollmilch
- ½ Tasse Kristallzucker
- 4 Unzen bittersüße Schokolade, fein gehackt
- 1 Teelöffel Vanilleextrakt
- 4 große Eigelb
- 2 reife Bananen, in Scheiben geschnitten
- 2 Esslöffel ungesalzene Butter
- 2 Esslöffel brauner Zucker (zum Karamellisieren der Bananen)

ANWEISUNGEN:
a) Heizen Sie Ihren Backofen auf 300 °F (150 °C) vor. Vier Auflaufförmchen in eine Auflaufform geben und beiseite stellen.
b) In einem Topf Sahne, Vollmilch und Kristallzucker vermischen. Bei mittlerer bis niedriger Hitze unter gelegentlichem Rühren erhitzen, bis es köchelt. Vom Herd nehmen und die fein gehackte Zartbitterschokolade hinzufügen. Rühren, bis die Schokolade vollständig geschmolzen und die Mischung glatt ist. Den Vanilleextrakt einrühren.
c) In einer separaten Schüssel das Eigelb verquirlen, bis es hell und leicht eingedickt ist.
d) Gießen Sie die Schokoladenmischung langsam in das Eigelb und rühren Sie dabei ständig um, um ein Gerinnen zu vermeiden.
e) Verteilen Sie die Vanillepuddingmischung auf die vier Auflaufförmchen. Füllen Sie die Auflaufform bis zur Hälfte des Randes der Auflaufförmchen mit heißem Wasser, sodass ein Wasserbad entsteht.
f) 35–40 Minuten backen oder bis die Ränder fest sind, die Mitte aber noch leicht wackelt.
g) Nehmen Sie die Auflaufförmchen aus dem Wasserbad und lassen Sie sie auf Raumtemperatur abkühlen. Dann mindestens 2 Stunden lang in den Kühlschrank stellen oder bis es abgekühlt und fest geworden ist.
h) Kurz vor dem Servieren die karamellisierten Bananen zubereiten. In einer Pfanne die Butter bei mittlerer Hitze schmelzen. Die Bananenscheiben dazugeben und mit braunem Zucker bestreuen. Auf jeder Seite 2–3 Minuten braten, bis die Bananen karamellisiert und weich sind.
i) Zum Servieren auf jede Crème Brûlée ein paar karamellisierte Bananenscheiben legen.

23. Tapioka Pot de Crème mit frischen Sommerfrüchten

ZUTATEN:
- ¼ Tasse kleine Tapiokaperle
- 2 Tassen Vollmilch
- ¼ Tasse Kristallzucker
- ¼ Teelöffel Salz
- 1 Teelöffel Vanilleextrakt
- Frische Sommerfrüchte (wie Beeren, Pfirsiche oder Kiwi) zum Servieren

ANWEISUNGEN:
a) Decken Sie die Tapioka in einer Schüssel mit Wasser ab und lassen Sie sie 1 Stunde lang einweichen.
b) Lassen Sie die Tapioka abtropfen und geben Sie sie in einen Topf.
c) Milch, Zucker und Salz in den Topf geben und verrühren.
d) Die Mischung bei mittlerer Hitze unter ständigem Rühren zum Kochen bringen.
e) Reduzieren Sie die Hitze auf eine niedrige Stufe und lassen Sie es etwa 20 bis 25 Minuten lang köcheln, bis die Tapiokaperlen weich sind. Dabei gelegentlich umrühren.
f) Vom Herd nehmen und den Vanilleextrakt einrühren.
g) Verteilen Sie die Tapioka auf Auflaufförmchen oder Schüsseln.
h) Lassen Sie die Tapioka auf Raumtemperatur abkühlen und stellen Sie sie dann mindestens 2 Stunden lang oder bis sie abgekühlt ist in den Kühlschrank.
i) Servieren Sie den Tapioka-Pot de Crème mit frischen Sommerfrüchten und genießen Sie das cremig-fruchtige Dessert.

24. Pot de Crème mit Himbeeren

ZUTATEN:
- 1 Tasse Sahne
- 1 Tasse Vollmilch
- ½ Tasse Kristallzucker
- 1 Vanilleschote, gespalten und das Mark herausgeschabt
- 4 große Eigelb
- Frische Himbeeren (zum Servieren)

ANWEISUNGEN:
a) Heizen Sie Ihren Backofen auf 300 °F (150 °C) vor. Vier Auflaufförmchen in eine Auflaufform geben und beiseite stellen.
b) In einem Topf Sahne, Vollmilch und ½ Tasse Kristallzucker vermischen. Bei mittlerer bis niedriger Hitze unter gelegentlichem Rühren erhitzen, bis es köchelt. Vom Herd nehmen und die Vanilleschotensamen (oder Vanilleextrakt) einrühren.
c) In einer separaten Schüssel das Eigelb verquirlen, bis es hell und leicht eingedickt ist.
d) Gießen Sie die heiße Sahnemischung langsam in das Eigelb und rühren Sie dabei ständig um, um ein Gerinnen zu vermeiden.
e) Verteilen Sie die Vanillepuddingmischung auf die vier Auflaufförmchen. Füllen Sie die Auflaufform bis zur Hälfte des Randes der Auflaufförmchen mit heißem Wasser, sodass ein Wasserbad entsteht.
f) 35–40 Minuten backen oder bis die Ränder fest sind, die Mitte aber noch leicht wackelt.
g) Nehmen Sie die Auflaufförmchen aus dem Wasserbad und lassen Sie sie auf Raumtemperatur abkühlen. Dann mindestens 2 Stunden lang in den Kühlschrank stellen oder bis es abgekühlt und fest geworden ist.

SAUFEN

25. Margarita Pot de Crème

ZUTATEN:
- ⅔ Tasse Kristallzucker
- 2 Teelöffel Maisstärke
- 1 Esslöffel fein abgeriebene Limettenschale
- ⅓ Tasse Limettensaft
- Je 2 Esslöffel Tequila und Triple Sec
- 4 Eigelb
- 1 Tasse Schlagsahne
- 2 Tassen geschnittene Erdbeeren
- 8 Streifen Limettenschale

ANWEISUNGEN:

a) In einem schweren Topf bei mittlerer Hitze Zucker und Maisstärke verquirlen. Schwarte und Saft, Tequila, Triple Sec und Eigelb unterrühren; Unter Rühren 4 Minuten kochen lassen oder bis es eingedickt ist und Blasen auf der Oberfläche platzen.

b) In eine Schüssel geben; Legen Sie Plastikfolie auf die Oberfläche. 1 Stunde lang oder bis es sehr kalt ist im Kühlschrank lagern.

26. Pots de Creme Leopardo

ZUTATEN:
- 1 Pfund Mascarpone-Käse
- ¼ Tasse Zucker
- 3 Esslöffel Orangenlikör
- 2 Esslöffel Sahne
- 2 Unzen Miniatur-Schokoladenstückchen
- 6 Unzen halbsüße Schokoladenstückchen
- 1 ¼ Tassen helle Sahne
- 2 Eigelb
- 1 Spritzer Salz
- Geröstete Mandeln zum Garnieren

ANWEISUNGEN:
ERSTE SCHICHT:
a) In einer Rührschüssel den Mascarpone-Käse (oder Ricotta-Käse), Zucker, Orangenlikör, Sahne und Miniatur-Schokoladenstückchen gut vermischen.
b) Füllen Sie 12 kleine Auflaufförmchen oder Auflaufförmchen zur Hälfte mit der ersten Schichtmischung.

ZWEITE SCHICHT:
c) In einem Topf die halbsüßen Schokoladenstückchen und die helle Sahne vermischen. Bei schwacher Hitze rühren, bis die Schokolade geschmolzen ist und die Mischung glatt und seidenartig wird. Achten Sie darauf, dass es nicht kocht.
d) In einer separaten Schüssel das Eigelb mit einer Prise Salz schlagen, bis es dickflüssig wird.
e) Rühren Sie die geschmolzene Schokoladenmischung nach und nach unter das geschlagene Eigelb und achten Sie darauf, dass alles gut vermischt ist.
f) Die Mischung der zweiten Schicht auf die erste Schicht in den Auflaufförmchen geben.
g) Stellen Sie die Pots de Creme mindestens 4 Stunden lang in den Kühlschrank, damit sie fest werden und abkühlen können.

DIENEN:
h) Garnieren Sie jedes Pot de Crème vor dem Servieren mit gerösteten Mandeln für eine köstliche Knusprigkeit und zusätzlichen Geschmack.

27. Rum-Rosinen-Pot de Crème

ZUTATEN:
- 2 Tassen halb und halb
- ½ Tasse Kristallzucker
- 6 große Eigelb
- 1 Teelöffel Vanilleextrakt
- ¼ Tasse dunkler Rum
- ½ Tasse Rosinen

ANWEISUNGEN:
a) In einem Topf die Hälfte und den Zucker erhitzen, bis es anfängt zu köcheln.
b) In einer separaten Schüssel Eigelb und Vanilleextrakt verrühren, bis alles gut vermischt ist.
c) Gießen Sie die heiße Mischung zur Hälfte langsam unter ständigem Rühren in die Eigelbe.
d) Die Mischung wieder in den Topf geben und bei schwacher Hitze kochen, bis sie leicht eindickt.
e) Vom Herd nehmen, dunklen Rum und Rosinen unterrühren.
f) Gießen Sie die Mischung in einzelne Pots de Creme-Becher und stellen Sie sie vor dem Servieren mindestens 4 Stunden lang in den Kühlschrank.

28. Eierlikör Pots de Creme

ZUTATEN:
- 4 große Eigelb
- ⅓ Tasse Kristallzucker
- 2 Tassen Sahne
- 1 Tasse Vollmilch
- 1 Teelöffel Vanilleextrakt
- ½ Teelöffel gemahlene Muskatnuss
- ¼ Teelöffel gemahlener Zimt
- ¼ Teelöffel gemahlene Nelken
- Prise Salz
- ¼ Tasse gewürzter Rum (optional, nur für Erwachsene)
- Schlagsahne zum Garnieren
- Gemahlene Muskatnuss zum Garnieren

ANWEISUNGEN:

a) Heizen Sie Ihren Backofen auf 325 °F (160 °C) vor. Stellen Sie sechs 170-ml-Auflaufförmchen oder Puddingförmchen in eine Auflaufform.

b) In einer Rührschüssel Eigelb und Kristallzucker verrühren, bis die Mischung hell und leicht eingedickt ist.

c) In einem Topf Sahne, Vollmilch, Vanilleextrakt, gemahlene Muskatnuss, gemahlenen Zimt, gemahlene Nelken und eine Prise Salz vermischen. Erhitzen Sie die Mischung bei mittlerer Hitze und rühren Sie dabei gelegentlich um, bis sie gerade anfängt zu köcheln. Lassen Sie es nicht kochen.

d) Gießen Sie die heiße Sahnemischung langsam unter ständigem Rühren in die Eigelbmischung.

e) Wenn Sie eine Version nur für Erwachsene zubereiten, rühren Sie an dieser Stelle den gewürzten Rum ein.

f) Die Mischung durch ein feinmaschiges Sieb in einen Krug oder eine Gießkanne abseihen, um etwaige Klumpen zu entfernen und eine glatte Konsistenz zu gewährleisten.

g) Verteilen Sie die Eierlikörmischung auf die Auflaufförmchen und füllen Sie diese fast bis zum Rand.

h) Erstellen Sie ein Wasserbad für die Pots de Crème, indem Sie die Auflaufform mit heißem Wasser füllen, bis es etwa bis zur Hälfte des Randes der Auflaufförmchen reicht.

i) Schieben Sie die Auflaufform vorsichtig in den vorgeheizten Ofen und backen Sie die Pots de Crème etwa 30 bis 35 Minuten lang oder bis die Ränder fest sind, die Mitte jedoch noch leicht wackelt.

j) Nehmen Sie die Auflaufförmchen aus dem Wasserbad und lassen Sie sie auf Raumtemperatur abkühlen. Decken Sie dann jede Auflaufform mit Plastikfolie ab und stellen Sie sie mindestens 4 Stunden oder vorzugsweise über Nacht in den Kühlschrank, damit sie abkühlen und fest werden kann.

k) Vor dem Servieren jedes Eierlikör-Pot de Crème mit einem Klecks Schlagsahne und einer Prise gemahlener Muskatnuss garnieren.

l) Genießen Sie die cremig-würzigen Eierlikör-Pots de Crème als köstliches Festtagsdessert oder als besonderen Leckerbissen das ganze Jahr über! Beachten Sie, dass die Zugabe von gewürztem Rum optional ist und weggelassen werden kann, wenn es an Kinder oder Nicht-Alkohol-Konsumenten serviert wird.

29. Erdnuss-Pot de Crème mit Rotwein

ZUTATEN:
FÜR DEN ERDNUSSBUTTER POT DE Crème
- 8 Unzen Milch
- 8 Unzen Sahne
- 6 Unzen cremige Erdnussbutter
- ⅓ Unze dunkle Schokolade
- 4 Unzen Eigelb (von 8 bis 12 Eiern)
- 4 Unzen Zucker
- 1 Unze Honig
- ½ Teelöffel Salz
- 1 ½ Teelöffel Vanilleextrakt

FÜR DEN ROTWEIN „SUICIDE":
- 7 Unzen Rotwein, wenn möglich aus einer Vielzahl von Weinen
- 3 ½ Unzen Zucker
- Prise Salz

ANWEISUNGEN:
a) Bereiten Sie das Wasserbad vor: Heizen Sie den Ofen auf 150 °C (300 °F) vor und stellen Sie einen großen Topf mit Wasser zum Kochen auf den Herd. Sobald es kocht, schalten Sie die Hitze aus und lassen Sie es stehen, bis es benötigt wird.

b) Ordnen Sie die Auflaufförmchen an: Legen Sie 6 große Auflaufförmchen (6-Unzen-Größe) in eine Auflaufform mit hohem Rand, z. B. eine 9 x 13 Zoll große Brownie-Pfanne. Legen Sie sie beiseite. Halten Sie ein großes Stück Folie bereit.

c) Machen Sie den Erdnussbutter-Pot de Crème. Kombinieren Sie in einem mittelgroßen Topf Milch, Sahne, Erdnussbutter und dunkle Schokolade. Bei mittlerer Hitze erhitzen und regelmäßig verquirlen, bis die Mischung heiß ist und sowohl die Erdnussbutter als auch die Schokolade in der Molkerei geschmolzen sind.

d) In einer großen Schüssel Eigelb, Zucker, Honig und Salz verquirlen, bis alles gut vermischt ist. Wenn die Erdnussbuttermischung anfängt zu dampfen und Blasen zu bilden, eine Kelle voll in die Eimischung einrühren, um sie zu temperieren. Nach und nach zwei weitere Kellen der heißen Milch unterrühren.

e) Die warme Eiermischung zurück in den Topf mit Milch/Sahne verquirlen. Stellen Sie die Hitze auf mittlere bis niedrige Stufe und kochen Sie unter ständigem Rühren mit einem hitzebeständigen Gummispatel, bis die Mischung auf einem Zuckerthermometer 140 °F (60 °C) erreicht. Wenn Sie kein Thermometer haben, kochen Sie, bis sich die Mischung heiß anfühlt.

f) Den Vanillepudding durch ein Sieb passieren, das über einer mittelgroßen Schüssel hängt. Verteilen Sie die Mischung gleichmäßig auf die Auflaufförmchen (je etwa 130 ml) und legen Sie sie in die Auflaufform. Füllen Sie den Topf etwa zu ¾ mit heißem Wasser. Decken Sie das Ganze mit Folie ab und geben Sie es vorsichtig in den vorgeheizten Ofen.

g) Backen Sie die Pot de Crèmes 30 bis 45 Minuten lang oder bis sie leicht fest geworden sind. Wenn sie fertig sind, sollten sie leicht wackeln und eine Haut haben, die nicht am Finger klebt, wenn man sie leicht berührt.

h) Abhängig von den heißen Stellen in Ihrem Ofen müssen die Puddings möglicherweise individuell behandelt werden. Entfernen Sie diejenigen, die fertig zu sein scheinen, und lassen Sie andere bei Bedarf weiterbacken.

i) Lassen Sie die Puddings nach dem Backen auf Zimmertemperatur abkühlen. Wickeln Sie sie in Plastik ein und stellen Sie sie vor dem Verzehr etwa vier Stunden lang in den Kühlschrank.

MACHEN SIE DIE ROTWEIN-SAUCE:

j) In einem kleinen Topf den Rotwein bei mittlerer Hitze zum Kochen bringen.

k) Reduzieren Sie die Hitze auf mittlere bis niedrige Stufe und köcheln Sie weiter, bis sich der Rotwein auf die Hälfte reduziert hat (etwa zehn Minuten). Dann den Zucker und das Salz hinzufügen und weitere 5 Minuten köcheln lassen, dabei gelegentlich umrühren, bis sich der Zucker vollständig aufgelöst hat.

l) Den Rotweinsirup auf Raumtemperatur abkühlen lassen und gekühlt lagern.

m) Nach Belieben mit dem Erdnussbutter-Pot de Crème und Shortbread-Keksen servieren.

30. Baileys Irish Cream Pot de Crème

ZUTATEN:
- 1 Tasse Sahne
- ½ Tasse Vollmilch
- 4 große Eigelb
- ¼ Tasse Kristallzucker
- ¼ Tasse Baileys Irish Cream Likör
- 1 Teelöffel Vanilleextrakt
- Schlagsahne und Schokoladenraspeln zum Garnieren (optional)

ANWEISUNGEN:

a)   In einem Topf die Sahne und die Vollmilch bei mittlerer Hitze erhitzen, bis sie zu köcheln beginnen.

b)   In einer separaten Schüssel Eigelb und Zucker verrühren, bis alles gut vermischt ist.

c)   Die heiße Sahnemischung langsam unter ständigem Rühren in die Eigelbmischung gießen.

d)   Die Mischung wieder in den Topf geben und bei mittlerer bis niedriger Hitze unter ständigem Rühren weiterkochen, bis sie eindickt und die Rückseite eines Löffels bedeckt. Lassen Sie es nicht kochen.

e)   Vom Herd nehmen und Baileys Irish Cream und Vanilleextrakt unterrühren.

f)   Verteilen Sie die Mischung auf vier Auflaufförmchen oder kleine Gläser.

g)   Vor dem Servieren mindestens 2 Stunden im Kühlschrank lagern.

h)   Vor dem Servieren nach Belieben mit Schlagsahne und Schokoladenraspeln garnieren.

31. Grand Marnier Chocolate Pot de Crème

ZUTATEN:

- 1 Tasse Sahne
- ½ Tasse Vollmilch
- 4 große Eigelb
- ¼ Tasse Kristallzucker
- ¼ Tasse Grand Marnier-Likör
- 4 Unzen halbsüße oder dunkle Schokolade, gehackt
- Orangenschale zum Garnieren (optional)

ANWEISUNGEN:

a) In einem Topf die Sahne und die Vollmilch bei mittlerer Hitze erhitzen, bis sie zu köcheln beginnen.
b) Die gehackte Schokolade zur Sahnemischung geben und verrühren, bis sie vollständig geschmolzen und glatt ist.
c) In einer separaten Schüssel Eigelb und Zucker verrühren, bis alles gut vermischt ist.
d) Gießen Sie die heiße Schokoladenmischung langsam unter ständigem Rühren in die Eigelbmischung.
e) Die Mischung wieder in den Topf geben und bei mittlerer bis niedriger Hitze unter ständigem Rühren weiterkochen, bis sie eindickt und die Rückseite eines Löffels bedeckt. Lassen Sie es nicht kochen.
f) Vom Herd nehmen und den Grand-Marnier-Likör einrühren.
g) Verteilen Sie die Mischung auf vier Auflaufförmchen oder kleine Gläser.
h) Vor dem Servieren mindestens 2 Stunden im Kühlschrank lagern.
i) Bei Bedarf vor dem Servieren mit Orangenschale garnieren.

32. Baileys Pot de Crème

ZUTATEN:
- 1 Tasse Vollmilch
- 1 Tasse schwere Schlagsahne
- 1 Teelöffel Vanilleextrakt
- 4 Esslöffel Baileys Irish Cream
- 6 Eigelb
- ¼ Tasse weißer Zucker

ANWEISUNGEN:
a) Heizen Sie den Ofen auf 300 °F oder 150 °C oder Gas Stufe 2 vor.
b) Sahne und Milch in einen Topf geben und fast zum Kochen bringen. Kochen Sie die Milch nicht. Vom Herd nehmen und 10 Minuten ruhen lassen.
c) In einer hitzebeständigen Schüssel das Eigelb und den weißen Zucker mit einem Schneebesen etwa 2 bis 3 Minuten verrühren.
d) Den Eiern in einer Schüssel Zucker hinzufügen
e) Als nächstes den Vanilleextrakt zu den Eiern geben und erneut verquirlen.
f) Unter ständigem Rühren ein paar Esslöffel der heißen Sahnemischung zu den Eiern geben. Unter ständigem Rühren nach und nach mehr Milch hinzufügen. Wenn die gesamte Milch hinzugefügt und vermischt ist, sollte die Mischung die Rückseite eines Löffels bedecken.
g) Fügen Sie der Ei-Sahne-Mischung die Baileys Irish Cream hinzu. Die Ei-Sahne-Mischung durch ein feines Sieb passieren.
h) Gießen Sie die Mischung in 4 einzelne flache, breite Auflaufförmchen und füllen Sie die Auflaufförmchen zu ¾. Legen Sie die Auflaufförmchen mit Rand auf ein Backblech.
i) Fügen Sie warmes Wasser hinzu, bis es bis zur Hälfte des Rands der Auflaufförmchen reicht, sodass ein Wasserbad entsteht.
j) Stellen Sie das Tablett mit den Auflaufförmchen in den vorgeheizten Ofen und lassen Sie es etwa 40 Minuten lang garen, bis es fest ist.
k) Aus dem Ofen und aus dem Bain Marie nehmen und vollständig abkühlen lassen. Die gebackenen Puddings mindestens vier Stunden im Kühlschrank kalt stellen.

33. Amaretto Pot de Crème

ZUTATEN:
- 1 Tasse Sahne
- 1 Tasse Vollmilch
- 4 Eigelb
- ½ Tasse Kristallzucker
- 2 Esslöffel Amaretto-Likör

ANWEISUNGEN:
a) Heizen Sie Ihren Backofen auf 325 °F (160 °C) vor.
b) In einem Topf Sahne, Vollmilch und Amaretto-Likör bei mittlerer Hitze erhitzen, bis es zu köcheln beginnt. Vom Herd nehmen.
c) In einer separaten Schüssel Eigelb und Zucker verrühren, bis alles gut vermischt ist.
d) Gießen Sie die heiße Sahnemischung langsam unter ständigem Rühren in die Eigelbmischung.
e) Verteilen Sie die Mischung auf Auflaufförmchen oder ofenfeste Schüsseln.
f) Legen Sie die Auflaufförmchen in eine Auflaufform und füllen Sie die Form mit heißem Wasser, bis es bis zur Hälfte des Randes der Auflaufförmchen reicht.
g) Etwa 35–40 Minuten backen, oder bis die Creme fest, aber in der Mitte noch leicht wackelig ist.
h) Nehmen Sie die Auflaufförmchen aus dem Wasserbad und lassen Sie sie auf Raumtemperatur abkühlen. Anschließend mindestens 2 Stunden oder über Nacht in den Kühlschrank stellen.
i) Servieren Sie die Amaretto-Crème-Brûlée und genießen Sie den ausgeprägten Amaretto-Geschmack im cremigen Dessert.

34. Pot de Crème mit Rum und Kokosnuss

ZUTATEN:
- 2 Tassen Sahne
- ½ Tasse Kristallzucker
- ¼ Tasse dunkler Rum
- ¼ Tasse Kokosraspeln
- 6 große Eigelb
- 1 Teelöffel Vanilleextrakt

ANWEISUNGEN:
a) Heizen Sie Ihren Backofen auf 325 °F (160 °C) vor. Legen Sie sechs Auflaufförmchen in eine Auflaufform.

b) In einem Topf die Sahne und den Kristallzucker bei mittlerer Hitze erhitzen, bis es zu köcheln beginnt. Vom Herd nehmen und den dunklen Rum, die Kokosraspeln und den Vanilleextrakt unterrühren.

c) In einer Rührschüssel die Eigelbe verquirlen, bis alles gut vermischt ist. Die Sahnemischung langsam unter ständigem Rühren in die Eigelbe gießen.

d) Verteilen Sie die Mischung gleichmäßig auf die Auflaufförmchen. Stellen Sie die Auflaufform mit den Auflaufförmchen auf den Ofenrost und gießen Sie vorsichtig heißes Wasser in die Auflaufform, bis es etwa bis zur Hälfte des Randes der Auflaufförmchen reicht.

e) Etwa 35–40 Minuten backen oder bis die Ränder fest sind, die Mitte aber noch leicht wackelt.

f) Nehmen Sie die Auflaufförmchen aus dem Wasserbad und lassen Sie sie auf Raumtemperatur abkühlen. Anschließend für mindestens 2 Stunden in den Kühlschrank stellen oder bis es vollständig abgekühlt ist.

35. Bourbon-Vanille-Pot de Crème

ZUTATEN:
- 2 Tassen Sahne
- ½ Tasse Kristallzucker
- ¼ Tasse Bourbon
- 1 Vanilleschote, gespalten und ausgekratzt (oder 1 Teelöffel Vanilleextrakt)
- 6 große Eigelb

ANWEISUNGEN:
a) Heizen Sie Ihren Backofen auf 325 °F (160 °C) vor. Legen Sie sechs Auflaufförmchen in eine Auflaufform.
b) In einem Topf die Sahne und den Kristallzucker bei mittlerer Hitze erhitzen, bis es zu köcheln beginnt. Vom Herd nehmen und den Bourbon und die Vanilleschoten (oder Vanilleextrakt) hinzufügen.
c) In einer Rührschüssel die Eigelbe verquirlen, bis alles gut vermischt ist. Die Sahnemischung langsam unter ständigem Rühren in die Eigelbe gießen.
d) Verteilen Sie die Mischung gleichmäßig auf die Auflaufförmchen. Stellen Sie die Auflaufform mit den Auflaufförmchen auf den Ofenrost und gießen Sie vorsichtig heißes Wasser in die Auflaufform, bis es etwa bis zur Hälfte des Randes der Auflaufförmchen reicht.
e) Etwa 35–40 Minuten backen oder bis die Ränder fest sind, die Mitte aber noch leicht wackelt.
f) Nehmen Sie die Auflaufförmchen aus dem Wasserbad und lassen Sie sie auf Raumtemperatur abkühlen. Anschließend für mindestens 2 Stunden in den Kühlschrank stellen oder bis es vollständig abgekühlt ist.

36. Kahlua Coffee Pot de Crème

ZUTATEN:
- 2 Tassen Sahne
- ½ Tasse Kristallzucker
- ¼ Tasse Kahlua-Kaffeelikör
- 6 große Eigelb
- 1 Teelöffel Instantkaffeegranulat

ANWEISUNGEN:

a) Heizen Sie Ihren Backofen auf 325 °F (160 °C) vor. Legen Sie sechs Auflaufförmchen in eine Auflaufform.

b) In einem Topf die Sahne und den Kristallzucker bei mittlerer Hitze erhitzen, bis es zu köcheln beginnt. Vom Herd nehmen und den Kahlua-Likör und das Instantkaffeegranulat einrühren, bis es sich aufgelöst hat.

c) In einer Rührschüssel die Eigelbe verquirlen, bis alles gut vermischt ist. Die Sahnemischung langsam unter ständigem Rühren in die Eigelbe gießen.

d) Verteilen Sie die Mischung gleichmäßig auf die Auflaufförmchen. Stellen Sie die Auflaufform mit den Auflaufförmchen auf den Ofenrost und gießen Sie vorsichtig heißes Wasser in die Auflaufform, bis es etwa bis zur Hälfte des Randes der Auflaufförmchen reicht.

e) Etwa 35–40 Minuten backen oder bis die Ränder fest sind, die Mitte aber noch leicht wackelt.

f) Nehmen Sie die Auflaufförmchen aus dem Wasserbad und lassen Sie sie auf Raumtemperatur abkühlen. Anschließend für mindestens 2 Stunden in den Kühlschrank stellen oder bis es vollständig abgekühlt ist.

SCHOKOLADE

37. Schokoladen-Pot de Creme

ZUTATEN:
- 1 Packung (6 oz) halbsüße Schokoladensplitter oder -stücke
- 1 großes Ei
- 2 Esslöffel Kristallzucker
- 2 Esslöffel Brandy oder Bourbon (optional, kann durch Milch ersetzt werden)
- 1 Teelöffel Vanilleextrakt
- ¾ Tasse Brühmilch
- Schlagsahne und Schokoladenraspeln zum Garnieren (optional)

ANWEISUNGEN:
a) In einem Mixer die halbsüßen Schokoladenstückchen, Ei, Zucker, Brandy oder Bourbon (falls verwendet) und Vanilleextrakt vermischen.
b) Beginnen Sie mit dem Mixen der Zutaten bei hoher Geschwindigkeit etwa 2 Minuten lang, bis Sie eine glatte und cremige Konsistenz erhalten.
c) In der Zwischenzeit die Milch in einem kleinen Topf bei mittlerer Hitze erhitzen, bis sie zu dampfen beginnt und sich am Rand kleine Bläschen bilden. Achten Sie darauf, dass es nicht zum Kochen kommt.
d) Gießen Sie die Brühmilch langsam mit der Schokoladenmischung in den Mixer. Mischen Sie noch eine Minute weiter, um sicherzustellen, dass alles gut vermischt ist.
e) Bereiten Sie 6 Servierbecher oder Auflaufförmchen vor und verteilen Sie die Schokoladenmischung gleichmäßig darauf.
f) Decken Sie jede Tasse mit Plastikfolie oder einem Deckel ab und stellen Sie den Pot de Creme mindestens 12 Stunden oder besser über Nacht in den Kühlschrank. Dadurch können sich die Aromen vermischen und die Textur perfekt aushärten.
g) Wenn Sie zum Servieren bereit sind, können Sie einen Klecks Schlagsahne und ein paar Schokoladenspäne darüber geben, um dem Ganzen eine besonders köstliche Note zu verleihen.
h) Genießen Sie Ihren köstlichen hausgemachten Chocolate Pot de Creme!

38. Pots de Creme aus Milchschokolade und weißer Schokolade

ZUTATEN:
- 2 Tassen Schlagsahne
- 1½ Tassen Vollmilch
- 8 Unzen hochwertige weiße Schokolade, gehackt
- 12 große Eigelb
- 8 Unzen importierte Milchschokolade (z. B. Lindt), gehackt

ANWEISUNGEN:
POTS DE CRÈME AUS WEISSER SCHOKOLADE
a) In einem schweren mittelgroßen Topf 1 Tasse Schlagsahne und ¾ Tasse Vollmilch vermischen. Bringen Sie die Mischung zum Kochen und nehmen Sie sie dann vom Herd.

b) Die gehackte weiße Schokolade zur warmen Sahnemischung geben und verrühren, bis die Schokolade vollständig geschmolzen und glatt ist.

c) In einer mittelgroßen Schüssel 6 Eigelb verquirlen, bis alles gut vermischt ist. Nach und nach die warme weiße Schokoladenmischung unterrühren.

d) Geben Sie die Mischung wieder in denselben Topf und rühren Sie sie bei mittlerer Hitze um, bis sie eindickt und auf einem Thermometer 180 Grad F erreicht (ca. 3 Minuten). Achten Sie darauf, es nicht zu kochen. Die Mischung sollte eine puddingartige Konsistenz haben.

e) Den weißen Schokoladenpudding in eine saubere, mittelgroße Schüssel abseihen, um etwaige Klumpen oder gekochte Eierstücke zu entfernen.

f) Stellen Sie die Schüssel mit der weißen Schokoladencreme in eine größere Schüssel mit Eis und Wasser. Kühlen Sie die Mischung vollständig ab und rühren Sie sie häufig um, um eine gleichmäßige Abkühlung zu gewährleisten.

g) Verteilen Sie den abgekühlten weißen Schokoladenpudding gleichmäßig auf acht ¾ Tassen Puddingbecher.

h) Stellen Sie die Puddingbecher in den Gefrierschrank, während Sie die Milchschokoladencreme zubereiten.

POTS DE CRÈME AUS MILCHSCHOKOLADE
i) In einem anderen schweren mittelgroßen Topf die restliche 1 Tasse Schlagsahne und ¾ Tasse Vollmilch vermischen. Bringen Sie es zum Kochen und nehmen Sie es dann vom Herd.

j) Die gehackte Milchschokolade zur warmen Sahnemischung geben und verrühren, bis die Schokolade geschmolzen und glatt ist.

k) In einer separaten mittelgroßen Schüssel die restlichen 6 Eigelb verquirlen, bis alles gut vermischt ist. Nach und nach die warme Milchschokoladenmischung unterrühren.

l) Geben Sie die Mischung wieder in denselben Topf und rühren Sie sie bei mittlerer Hitze um, bis sie eindickt und auf einem Thermometer 180 Grad F erreicht (ca. 3 Minuten). Vermeiden Sie es, es zu kochen.

m) Den Milchschokoladenpudding in eine saubere, mittelgroße Schüssel abseihen, um eine glatte Konsistenz zu gewährleisten.

n) Stellen Sie die Schüssel mit der Milchschokoladencreme in eine größere, mit Eis und Wasser gefüllte Schüssel. Kühlen Sie die Mischung vollständig ab und rühren Sie sie häufig um.

ZUSAMMENBAU DER POTS DE CRÈME

o) Nehmen Sie die Puddingbecher mit der weißen Schokoladenmischung aus dem Gefrierschrank.

p) Den abgekühlten Milchschokoladenpudding über den weißen Schokoladenpudding in den Tassen geben und gleichmäßig auf die Tassen verteilen.

q) Decken Sie die Puddingbecher ab und stellen Sie sie in den Kühlschrank, bis sie gut gekühlt sind. Das Festwerden dauert normalerweise mindestens 4 Stunden.

r) Genießen Sie die köstlichen und cremigen Pots de Creme aus Milchschokolade und weißer Schokolade für ein köstliches Desserterlebnis!

39. Presto Pots de Creme

ZUTATEN:

- 7 Unzen ungesüßte Schokolade
- 14-Unzen-Dose gesüßte Kondensmilch
- 3 Esslöffel Orangenlikör (nach Geschmack anpassen)
- 1 ½ Tassen Schlagsahne, geschlagen

ANWEISUNGEN:

a) Beginnen Sie damit, die Schlagsahne zu schlagen, bis sich weiche Spitzen bilden. Stellen Sie es im Kühlschrank beiseite.

b) In einem Wasserbad oder einer hitzebeständigen Schüssel über einem Topf mit heißem Wasser die ungesüßte Schokolade und die gesüßte Kondensmilch vermischen. Rühren Sie die Mischung, bis die Schokolade vollständig geschmolzen ist und die Zutaten gut vermischt sind.

c) Den Orangenlikör einrühren und die Menge nach Geschmack anpassen. Lassen Sie die Mischung abkühlen, bis sie eine lauwarme Temperatur erreicht.

d) Nehmen Sie etwa ein Viertel der Schlagsahne und heben Sie sie vorsichtig unter die Schokoladenmischung. Dies wird dazu beitragen, die Mischung aufzuhellen.

e) Als nächstes die gesamte restliche Schlagsahne bis auf einen großen Löffel unterheben. Bewahren Sie die reservierte Schlagsahne im Kühlschrank auf, um sie später zum Dekorieren zu verwenden.

f) Geben Sie die cremige Schokoladenmischung in Pots-de-Cream-Töpfe, einzelne Soufflétassen oder kleine Dessertschalen.

g) Zum schnellen Abkühlen stellen Sie die Desserts etwa 30 Minuten lang in den Gefrierschrank. Wenn Sie vor dem Servieren mehr Zeit haben, können Sie sie stattdessen auch im Kühlschrank aufbewahren.

h) Nehmen Sie kurz vor dem Servieren die beiseite gelegte Schlagsahne aus dem Kühlschrank und dekorieren Sie damit die Oberfläche jedes Desserts mit einem Klecks.

i) Genießen Sie die köstlichen und cremigen Presto Pots de Creme für ein köstliches Desserterlebnis!

40. Nutella Pots de Crème

ZUTATEN:
- 6 Eigelb (wenn Sie Baiser machen, bewahren Sie das Eiweiß auf)
- 6 Esslöffel Puderzucker
- ½ Tasse Nutella
- 1 Tasse halbsüße Schokoladenstückchen
- ½ Teelöffel Salz
- 1 Teelöffel Vanilleextrakt
- 1 ½ Tassen Milch
- 1 ½ Tassen Schlagsahne
- ½ Tasse Nutella
- 1 Tasse halbsüße Schokoladenstückchen
- 2 Tassen Marshmallow-Creme
- 8 Unzen frische Himbeeren

Optionale Toppings:
- Geschnittene Bananen
- Geröstete Kokosnuss
- Geröstete Haselnüsse
- Beeren
- Kandierte Orangenschalen
- Gesalzener Karamell
- Weiße Schokoladenglasur
- Macaron

ANWEISUNGEN:

a) Nutella und halbsüße Schokoladenstückchen in einen Mixer oder eine Küchenmaschine geben und beiseite stellen.

b) Geben Sie in einen Topf mit dickem Boden Eigelb, Puderzucker, Salz, Vanille, Milch und Schlagsahne. Bei mittlerer bis hoher Hitze verrühren.

c) Rühren Sie die Mischung ständig, bis sie anfängt zu dampfen und zu kochen. Reduzieren Sie die Hitze, wenn sie zu heiß wird. Achten Sie darauf, dass der Boden nicht anbrennt. Die Mischung beginnt einzudicken. Wenn es eindickt, vom Herd nehmen und zusammen mit Nutella und Schokolade in den Mixer oder die Küchenmaschine geben. Mischen Sie die Mischung vorsichtig, bis Nutella und Schokolade vollständig in die Sahnemischung eingearbeitet sind.

d) Gießen Sie die heiße Mischung je nach gewünschter Portionsgröße in 6–12 Auflaufförmchen, Glasbecher oder Serviergefäße und füllen Sie diese etwa zu ¾.

e) Stellen Sie die Pots de Crème in den Kühlschrank und lassen Sie sie 2–6 Stunden lang kalt, oder bis die Crememischung eine seidige Puddingkonsistenz erreicht. Es wird etwas dünner sein als herkömmliche Pots de Crème. Wenn es nicht vollständig eindickt, können Sie es so essen, wie es ist, oder es erneut erhitzen und etwa 1 Esslöffel Maisstärke hinzufügen, um die Mischung zu einem Pudding zu verdicken.

f) Sobald die Pots de Crème fertig sind, belegen Sie jeden einzelnen mit Marshmallow-Creme, italienischem Haselnuss-Baiser, Himbeeren, Himbeerkompott oder einem beliebigen Belag.

g) Kühlen Sie die Pots de Crème mit den Toppings und genießen Sie zum Servieren die köstlichen, dekadenten und raffinierten Nutella Pots de Crème!

41. Pots de Creme Pie

ZUTATEN:
- 1 Pfund dunkle, bittersüße belgische Schokolade
- 2 Tassen schwere Schlagsahne
- 1 Tasse Halb und halb
- 10 Eigelb, leicht geschlagen
- Graham-Cracker-Kruste (vorgefertigt oder selbstgemacht)
- 1-1½ Tassen Schlagsahne
- 2-4 Esslöffel Schokoladensplitter

ANWEISUNGEN:
In einem Wasserbad die Schokolade, die Schlagsahne und die Hälfte der Sahne vermischen. Kochen Sie die Mischung bei mittlerer Hitze und rühren Sie gelegentlich um, bis die Schokolade vollständig geschmolzen und die Mischung heiß ist.
Nehmen Sie den Wasserbad vom Herd und schlagen Sie nach und nach die leicht geschlagenen Eigelbe unter ständigem Rühren ein. Achten Sie darauf, dass die Mischung nicht gerinnt. Rühren Sie weiter, bis die Mischung glänzt und dicker wird.
Lassen Sie die Schokoladen-Pudding-Mischung etwas abkühlen.
Gießen Sie den Schokoladenpudding in eine vorbereitete Graham-Cracker-Kruste. Sie können einen vorgefertigten Boden verwenden oder einen selbst herstellen.
Lassen Sie den Kuchen abkühlen und stellen Sie ihn dann über Nacht in den Kühlschrank, damit er fest wird.
Vor dem Servieren die Torte mit Schlagsahne bestreuen und die Schlagsahne mit Schokoladensplittern bestreuen.
Serviervorschlag:
Genießen Sie diesen köstlichen Pots de Creme Pie mit einem eiskalten Glas Vollmilch für einen wahrhaft genussvollen Genuss. Es passt auch gut zu einer guten Tasse Kaffee.

KAFFEE

42. Kaffeekannen de Creme

ZUTATEN:
- 600 ml eingedickte Sahne (2 Kartons)
- ½ Tasse geröstete Kaffeebohnen
- 6 Eigelb
- 2 Esslöffel Mandelblättchen
- ¼ Tasse Zucker
- ¼ Tasse Puderzucker
- 2 Teelöffel Tia Maria oder Kahlua (Kaffeelikör)
- 1 Esslöffel Wasser
- Praline:
- Zusätzlich Schlagsahne zum Verzieren

ANWEISUNGEN:
a) Die eingedickte Sahne in einen Topf geben und bei mittlerer Hitze zum Kochen bringen. Die gerösteten Kaffeebohnen hinzufügen und die Hitze reduzieren.
b) Etwa 3 Minuten leicht köcheln lassen. Nehmen Sie den Topf vom Herd und lassen Sie ihn 30 Minuten lang stehen, damit der Kaffeegeschmack in die Sahne eindringt. Nach 30 Minuten die Mischung abseihen, um die Kaffeebohnen zu entfernen.
c) In einer Schüssel Eigelb, Zucker und Tia Maria (oder Kahlua) verrühren, bis alles gut vermischt ist.
d) Die mit Kaffee aromatisierte Sahne nach und nach unter die Eigelbmischung rühren.
e) Heizen Sie Ihren Backofen auf eine langsame Temperatur vor.
f) Gießen Sie die Mischung in einzelne ofenfeste Formen mit jeweils einem Fassungsvermögen von ⅓ Tasse.
g) Legen Sie die gefüllten Förmchen in eine große Lamington-Pfanne oder eine Auflaufform.
h) Gießen Sie so viel heißes Wasser in die Pfanne, dass die Ränder der einzelnen Gerichte bis zur Hälfte reichen.
i) Decken Sie das Geschirr mit Folie ab oder verwenden Sie Deckel, um es abzudichten.
j) Schieben Sie die Pfanne mit den Gerichten vorsichtig in den vorgeheizten Ofen und backen Sie sie etwa 20 Minuten lang. Die Pots de Creme sollten erst dann aufgesetzt werden, wenn sie fertig sind.

k) Nach dem Backen die Gerichte aus dem Ofen nehmen und abkühlen lassen. Stellen Sie die Pots de Creme dann vor dem Servieren in den Kühlschrank, bis sie abgekühlt und fest sind.

PRALINE:

l) In einem separaten Topf die Mandelblättchen bei mittlerer Hitze unter ständigem Rühren rösten, bis sie leicht gebräunt sind und duften.

m) Die gerösteten Mandeln gleichmäßig auf einem leicht gefetteten Backblech verteilen.

n) In demselben Topf den Puderzucker und das Wasser vermischen und unter ständigem Rühren bei Hitze rühren, bis sich der Zucker aufgelöst hat.

o) Lassen Sie die Mischung ohne Rühren schnell kochen, bis sie eine goldbraune Farbe annimmt.

p) Nehmen Sie den karamellisierten Zucker vom Herd und lassen Sie die Blasen verschwinden.

q) Gießen Sie das heiße Karamell vorsichtig über die gerösteten Mandeln auf dem Backblech.

r) Lassen Sie die Praline abkühlen und fest werden. Sobald es fest ist, hacken Sie es grob in kleine Stücke.

s) Vor dem Servieren jedes Pot de Creme mit einem Klecks Schlagsahne und einigen Pralinenstückchen dekorieren.

t) Genießen Sie Ihre köstlichen Coffee Pots de Creme!

43. Mokkakanne de Creme

ZUTATEN:
- 6 Unzen bittersüße Schokolade
- 1 Esslöffel Instantkaffeegranulat
- 3 Tassen halb und halb (halb Milch, halb Sahne)
- 5 große Eigelb
- ½ Tasse) Zucker
- 3 Esslöffel Schlagsahne (zum Garnieren)
- 6 ganze Kaffeebohnen (zum Garnieren)

ANWEISUNGEN:

a) In einem großen Topf bei mittlerer Hitze die Zartbitterschokolade schmelzen. Fügen Sie das Instantkaffeegranulat hinzu und rühren Sie, bis es sich aufgelöst und gut mit der Schokolade vermischt hat.
b) Erhitzen Sie die Hälfte in einem separaten kleinen Topf bei mittlerer Hitze, bis sie zu kochen beginnt. Vom Herd nehmen und beiseite stellen.
c) In einer mittelgroßen Edelstahlschüssel Eigelb und Zucker vermischen. Stellen Sie die Schüssel über einen Topf mit kaum siedendem Wasser (Doppelkocher-Aufstellung). Die Eimischung kontinuierlich verquirlen, bis sich der Zucker vollständig aufgelöst hat oder bis die Mischung eine lauwarme Temperatur (ca. 49 °C) erreicht hat.
d) Die geschmolzene Schokoladen-Kaffee-Mischung unter die Eimischung rühren, bis alles gut vermischt ist.
e) Geben Sie nach und nach eine halbe Tasse (120 ml) der heißen Hälfte zur Ei-Schokoladen-Mischung hinzu und rühren Sie dabei ständig um, um eine glatte Mischung zu gewährleisten.
f) Gießen Sie die Schokoladen-Ei-Mischung in die restliche Hälfte des Topfes. Zum Kombinieren gut umrühren.
g) Kochen Sie die Mischung bei mittlerer Hitze etwa 5 Minuten lang oder bis sie eindickt und die Rückseite eines Löffels bedeckt. Lassen Sie es nicht kochen.
h) Sobald es eingedickt ist, den Topf vom Herd nehmen.
i) Verteilen Sie die Mischung gleichmäßig auf 6 Kaffee- oder Vanillepuddingtassen.
j) Stellen Sie die Pots de Creme mindestens 4 Stunden lang in den Kühlschrank, damit sie fest werden und abkühlen können.
k) Geben Sie vor dem Servieren einen Klecks Schlagsahne auf jedes Pot de Creme und garnieren Sie es für eine elegante Note mit einer ganzen Kaffeebohne.
l) Genießen Sie die reichhaltigen und köstlichen Mocha Pots de Creme als köstlichen Dessertgenuss!

44. Pots de Creme Javanaise

ZUTATEN:
- ½ Tasse) Zucker
- ½ Unze halbsüße Schokolade, fein gehackt
- 5 große Eigelb
- 1 großes ganzes Ei
- 2 Tassen Milch
- 2 Esslöffel Instant-Espressopulver
- 1 Teelöffel Vanille
- Prise Salz
- Schlagsahne und 6 Schokoladenkaffeebohnen zum Garnieren (optional)

ANWEISUNGEN:
a) In einer kleinen Pfanne ¼ Tasse Zucker bei mäßiger Hitze kochen und mit einer Gabel umrühren, bis er schmilzt und sich in einen goldenen Karamell verwandelt. Achten Sie darauf, es nicht zu verbrennen.
b) Geben Sie vorsichtig ¼ Tasse Wasser zum karamellisierten Zucker und gießen Sie es in den Rand der Pfanne, um Spritzer zu vermeiden. Die Mischung unter Rühren köcheln lassen, bis sich das Karamell vollständig aufgelöst hat.
c) Nehmen Sie die Pfanne vom Herd und rühren Sie die fein gehackte halbsüße Schokolade ein, bis sie geschmolzen und gut mit dem Karamell vermischt ist.
d) In einer separaten Schüssel das Eigelb und das ganze Ei mit der restlichen ¼ Tasse Zucker verquirlen.
e) Die Schokoladen-Karamell-Mischung nach und nach unter ständigem Rühren zu den Eiern geben, bis eine glatte Vanillesoße entsteht.
f) In einem Topf die Milch bei mittlerer Hitze überbrühen (erhitzen, bis sie zu dampfen beginnt, aber nicht zum Kochen bringen).
g) Die Brühmilch nach und nach in einem Strahl unter die Vanillesoße rühren.
h) Instant-Espressopulver, Vanille und eine Prise Salz unterrühren und darauf achten, dass alles gut vermischt ist.
i) Den Vanillepudding durch ein feines Sieb in eine andere Schüssel abseihen, um etwaige Klümpchen oder Verunreinigungen zu entfernen.
j) Eventuell entstandenen Schaum auf der Oberfläche der Vanillesoße abschöpfen.

k) Verteilen Sie die abgesiebte Vanillesoße auf sechs ⅔-Tassen-Pot-de-Creme-Töpfe oder Auflaufförmchen.

l) Stellen Sie die Töpfe in eine Backform und geben Sie so viel heißes Wasser in die Pfanne, dass ein Drittel bis zum Rand der Töpfe reicht.

m) Decken Sie die Töpfe mit ihren Deckeln ab oder decken Sie die Backform fest mit Folie ab, um eine Abdichtung zu erzielen.

n) Backen Sie die Vanillepuddings in der Mitte eines auf 150 °C (300 °F) vorgeheizten Ofens 30 bis 35 Minuten lang oder bis sie gerade fest sind. Beim leichten Schütteln sollten die Vanillepuddings in der Mitte leicht wackeln.

o) Lassen Sie die Vanillepuddings ohne Deckel vollständig abkühlen.

p) Nach dem Abkühlen die Töpfe oder Auflaufförmchen abdecken und die Vanillepuddings im Kühlschrank mindestens 3 Stunden lang oder bis sie kalt und fest sind kalt stellen.

q) Kurz vor dem Servieren jede Vanillesoße mit einer Rosette aus Schlagsahne und nach Wunsch mit einer Schokoladenkaffeebohne garnieren.

45. Dalgona Coffee Pot de Crème

ZUTATEN:
FÜR DEN GERÖSTETEN ZUCKER:
- 1 Pfund Kristallzucker

FÜR DEN POT DE Crème
- 2 Tassen Sahne
- ½ Tasse Vollmilch
- ½ Tasse gerösteter Zucker
- 1 Vanilleschote
- 5 Eigelb

FÜR DEN DALGONA-KAFFEE:
- ⅓ Tasse Instantkaffee
- ⅓ Tasse gerösteter Zucker
- ⅓ Tasse kochendes Wasser

ANWEISUNGEN:
So bereiten Sie den gerösteten Zucker zu:
a) Den Backofen auf 300°F (150°C) vorheizen.

b) Kristallzucker in eine 9x13 Zoll große Auflaufform geben und 50–60 Minuten rösten, dabei alle 10 Minuten umrühren, bis der Zucker eine hellbraune Farbe hat.

c) Den gerösteten Zucker vollständig abkühlen lassen. Stellen Sie die für das Rezept benötigte Menge beiseite und bewahren Sie den Rest zur späteren Verwendung in einem luftdichten Behälter auf.

UM DEN POT DE Crème ZUBEREITEN
d) Den Backofen auf 300°F (150°C) vorheizen.

e) In einem mittelgroßen Topf die Sahne und die Vollmilch vermischen. Kratzen Sie das Innere der Vanilleschote aus und geben Sie die Samen und leeren Schoten mit der Sahne in den Topf. Zum Kochen bringen.

f) Den Topf vom Herd nehmen und abdecken. 1 Stunde ziehen lassen, dann die Vanilleschoten herausseihen.

g) Geben Sie die Sahne wieder in den Topf und geben Sie ¼ Tasse gerösteten Zucker hinzu. Zum Kochen bringen.

h) In einer großen Schüssel den restlichen ¼ Tasse gerösteten Zucker und das Eigelb verrühren.

i) Die heiße Sahne nach und nach unter ständigem Rühren mit dem Eigelb in die Schüssel gießen.

j) Die Mischung durch ein feinmaschiges Sieb passieren und dann gleichmäßig auf sechs Gläser oder Auflaufförmchen verteilen.

k) Legen Sie die Auflaufförmchen in eine 9 x 13 Zoll große Auflaufform und füllen Sie die Form bis zur Hälfte des Randes der Auflaufförmchen mit Wasser.
l) Backen Sie das Pot de Crèmes 55–60 Minuten lang, bis die Ränder fest sind, die Mitte aber noch leicht wackelt.
m) Schalten Sie den Ofen aus, öffnen Sie die Tür leicht und lassen Sie das Pot de Crèmes vollständig abkühlen.
n) Nehmen Sie jede Auflaufform heraus und wickeln Sie sie in Plastikfolie ein. Mindestens 6 Stunden kalt stellen.

ZUBEREITUNG DES DALGONA-KAFFEE:
o) In einer großen Schüssel den gerösteten Zucker, Instantkaffee und kochendes Wasser vermischen.
p) Schlagen Sie die Mischung mit einem Handmixer 3–5 Minuten lang auf, bis sie leicht und locker wird.

DIENEN:
q) Geben Sie den Dalgona-Kaffee auf den gekühlten Pot de Crèmes.
r) Sofort servieren und den cremigen Vanillepudding mit geröstetem Zucker und dem köstlichen geschlagenen Dalgona-Kaffee darüber genießen.

46. Tiramisu Pots de Crème

ZUTATEN:

- 2 Tassen (440 g) Puderzucker
- 12 Eigelb
- 2 Vanilleschoten, gespalten, Mark ausgekratzt
- 1,2 l reine (dünne) Sahne, plus extra ¼ Tasse (60 ml)
- 2 EL Instantkaffeegranulat
- 50 g ungesalzene Butter, gehackt
- 4 Biskuitkekse (Savoiardi), zerkrümelt
- 2 EL Frangelico (Haselnusslikör)
- 1 EL fein gehackte Haselnüsse
- 400g Mascarpone guter Qualität
- 1 Teelöffel Vanilleextrakt
- Hochwertiges Kakaopulver zum Bestäuben

ANWEISUNGEN:

a) Den Backofen auf 140 °C (275 °F) vorheizen.

b) Zucker und Eigelb in einer Schüssel schaumig schlagen. Vanilleschoten und -samen zusammen mit der Sahne und dem Kaffee in einen großen Topf geben und unter Rühren knapp unter dem Siedepunkt erhitzen, um den Kaffee aufzulösen.

c) Gießen Sie diese Mischung langsam unter ständigem Rühren über die Eimischung, bis alles gut vermischt ist. Geben Sie die Eiermischung wieder in die gereinigte Pfanne und stellen Sie sie auf mittlere bis niedrige Hitze.

d) Unter ständigem Rühren 6–8 Minuten kochen lassen oder bis die Masse eingedickt ist und die Eiermischung die Rückseite des Löffels bedeckt.

e) Verteilen Sie die Vanillesoße auf acht ¾-Tassen (180 ml) ofenfeste Förmchen und legen Sie sie in einen großen Bräter. Fügen Sie so viel kochendes Wasser hinzu, dass es bis zur Hälfte des Pfannenrands reicht. Decken Sie die Pfanne mit Folie ab und stellen Sie sie vorsichtig in den vorgeheizten Ofen.

f) 30 Minuten backen, bis der Pudding gerade fest ist und leicht wackelt in der Mitte. Kühlen Sie die Vanillepuddings auf Raumtemperatur ab und lassen Sie sie dann 2 Stunden oder bis sie fest sind kalt.

g) Zum Servieren die Butter in einer Pfanne 2-3 Minuten lang schmelzen, bis sie nussig braun ist.

h) Die zerbröckelten Savoiardi-Kekse dazugeben und unter Rühren 3-4 Minuten lang kochen, bis sie geröstet sind. Frangelico und gehackte Haselnüsse hinzufügen und verrühren. Lassen Sie diese Mischung abkühlen.

i) Mascarpone, Vanilleextrakt und Sahne in einer Schüssel vorsichtig verrühren. Geben Sie die Mascarpone-Mischung auf jeden gekühlten Vanillepudding.

j) Zum Servieren die Savoiardi-Krümelmischung und das Kakaopulver darüberstreuen.

KAFFEE BRÛLÉE

47. Dalgona Pot de Crème

ZUTATEN:
- 4 Eigelb
- ½ Tasse Kristallzucker
- 2 Tassen Sahne
- 2 Teelöffel Vanilleextrakt
- 2 Esslöffel Dalgona-Kaffeemischung

ANWEISUNGEN:
a) Heizen Sie Ihren Backofen auf 325 °F (160 °C) vor und legen Sie 4–6 Auflaufförmchen in eine Auflaufform.
b) In einer Rührschüssel Eigelb und Kristallzucker verquirlen, bis alles gut vermischt und leicht eingedickt ist.
c) In einem Topf die Sahne bei mittlerer Hitze erhitzen, bis sie gerade anfängt zu köcheln. Vom Herd nehmen.
d) Gießen Sie die heiße Sahne langsam unter ständigem Rühren in die Eigelbmischung, damit die Eier nicht gerinnen.
e) Vanilleextrakt und Dalgona-Kaffeemischung unterrühren, bis alles gut vermischt ist.
f) Verteilen Sie die Mischung gleichmäßig auf die in der Auflaufform platzierten Auflaufförmchen.
g) Gießen Sie heißes Wasser in die Auflaufform und achten Sie darauf, dass kein Wasser in die Auflaufförmchen gelangt, bis es etwa bis zur Hälfte des Randes der Auflaufförmchen reicht.
h) Schieben Sie die Auflaufform vorsichtig in den vorgeheizten Ofen und backen Sie sie etwa 30 bis 35 Minuten lang oder bis die Vanillesoße an den Rändern fest ist, in der Mitte jedoch noch leicht wackelt.
i) Nehmen Sie die Auflaufförmchen aus dem Wasserbad und lassen Sie sie auf Raumtemperatur abkühlen. Dann stellen Sie sie mindestens 2 Stunden lang in den Kühlschrank, oder bis sie abgekühlt sind.

48. Mokka Pot de Crème

ZUTATEN:

1 Tasse Sahne
1 Tasse Vollmilch
4 Eigelb
½ Tasse Kristallzucker
2 Esslöffel Kakaopulver
1 Teelöffel Instantkaffeegranulat

ANWEISUNGEN:

In einem Topf Sahne, Vollmilch, Kakaopulver und Instantkaffeegranulat bei mittlerer Hitze erhitzen, bis es zu köcheln beginnt. Vom Herd nehmen.
In einer separaten Schüssel Eigelb und Zucker verrühren, bis alles gut vermischt ist.
Gießen Sie die heiße Sahnemischung langsam unter ständigem Rühren in die Eigelbmischung.
Verteilen Sie die Mischung auf Auflaufförmchen oder ofenfeste Schüsseln.
Legen Sie die Auflaufförmchen in eine Auflaufform und füllen Sie die Form mit heißem Wasser, bis es bis zur Hälfte des Randes der Auflaufförmchen reicht.
Etwa 35–40 Minuten backen, oder bis die Creme fest, aber in der Mitte noch leicht wackelig ist.
Nehmen Sie die Auflaufförmchen aus dem Wasserbad und lassen Sie sie auf Raumtemperatur abkühlen. Anschließend mindestens 2 Stunden oder über Nacht in den Kühlschrank stellen.

49. Chicoréecreme Pot de Crème

ZUTATEN:
- 1 Esslöffel Butter
- 3 Tassen Sahne
- 1 ½ Tassen Zucker
- 1 Tasse Chicorée-Kaffee
- 8 Eigelb
- 20 kleine Shortbread-Kekse

Richtungen

a) Heizen Sie den Ofen auf 275 Grad F vor. Fetten Sie 10 (4 Unzen) Auflaufförmchen ein. In einem Topf bei mittlerer Hitze Sahne, Zucker und Kaffee vermischen.

b) Schneebesen, bis alles glatt ist. In einer kleinen Rührschüssel die Eier glatt rühren. Eigelb in die heiße Sahnemischung einrühren. Vom Herd nehmen und abkühlen lassen. In die einzelnen Auflaufförmchen füllen. Legen Sie die Auflaufförmchen in eine Auflaufform.

c) Füllen Sie die Form mit Wasser bis zur Hälfte der Auflaufform. In den Ofen auf die unterste Schiene stellen und ca. 45 Minuten bis 1 Stunde garen, bis die Mitte fest ist.

d) Aus dem Ofen nehmen und wässern. Vollständig abkühlen lassen.

e) Bis zum Abkühlen im Kühlschrank aufbewahren.

f) Servieren Sie den Sahne-Pot de Crème mit Shortbread-Keksen.

50. Espresso Pot de Crème

ZUTATEN:
- 1 Tasse Sahne
- 1 Tasse Vollmilch
- ½ Tasse Kristallzucker
- 1 Vanilleschote, gespalten und das Mark herausgeschabt
- 4 große Eigelb
- 2 Esslöffel Espressopulver

ANWEISUNGEN:
a) Heizen Sie Ihren Backofen auf 300 °F (150 °C) vor. Vier Auflaufförmchen in eine Auflaufform geben und beiseite stellen.
b) In einem Topf Sahne, Vollmilch, Kristallzucker, Espressopulver und Vanilleschoten (oder Vanilleextrakt) vermischen. Bei mittlerer bis niedriger Hitze unter gelegentlichem Rühren erhitzen, bis es köchelt. Vom Herd nehmen.
c) In einer separaten Schüssel das Eigelb verquirlen, bis es hell und leicht eingedickt ist.
d) Gießen Sie die heiße Sahnemischung langsam in das Eigelb und rühren Sie dabei ständig um, um ein Gerinnen zu vermeiden.
e) Verteilen Sie die Vanillepuddingmischung auf die vier Auflaufförmchen. Füllen Sie die Auflaufform bis zur Hälfte des Randes der Auflaufförmchen mit heißem Wasser, sodass ein Wasserbad entsteht.
f) 35–40 Minuten backen oder bis die Ränder fest sind, die Mitte aber noch leicht wackelt.
g) Nehmen Sie die Auflaufförmchen aus dem Wasserbad und lassen Sie sie auf Raumtemperatur abkühlen. Dann mindestens 2 Stunden lang in den Kühlschrank stellen oder bis es abgekühlt und fest geworden ist.

51. Dalgona Pot de Crème

ZUTATEN:
- 4 Eigelb
- ½ Tasse Kristallzucker
- 2 Tassen Sahne
- 2 Teelöffel Vanilleextrakt
- 2 Esslöffel Dalgona-Kaffeemischung

ANWEISUNGEN:

j) Heizen Sie Ihren Backofen auf 325 °F (160 °C) vor und legen Sie 4–6 Auflaufförmchen in eine Auflaufform.

k) In einer Rührschüssel Eigelb und Kristallzucker verquirlen, bis alles gut vermischt und leicht eingedickt ist.

l) In einem Topf die Sahne bei mittlerer Hitze erhitzen, bis sie gerade anfängt zu köcheln. Vom Herd nehmen.

m) Gießen Sie die heiße Sahne langsam unter ständigem Rühren in die Eigelbmischung, damit die Eier nicht gerinnen.

n) Vanilleextrakt und Dalgona-Kaffeemischung unterrühren, bis alles gut vermischt ist.

o) Verteilen Sie die Mischung gleichmäßig auf die in der Auflaufform platzierten Auflaufförmchen.

p) Gießen Sie heißes Wasser in die Auflaufform und achten Sie darauf, dass kein Wasser in die Auflaufförmchen gelangt, bis es etwa bis zur Hälfte des Randes der Auflaufförmchen reicht.

q) Schieben Sie die Auflaufform vorsichtig in den vorgeheizten Ofen und backen Sie sie etwa 30 bis 35 Minuten lang oder bis die Vanillesoße an den Rändern fest ist, in der Mitte jedoch noch leicht wackelt.

r) Nehmen Sie die Auflaufförmchen aus dem Wasserbad und lassen Sie sie auf Raumtemperatur abkühlen. Dann stellen Sie sie mindestens 2 Stunden lang in den Kühlschrank, oder bis sie abgekühlt sind.

52. Mokka Pot de Crème

ZUTATEN:

1 Tasse Sahne
1 Tasse Vollmilch
4 Eigelb
½ Tasse Kristallzucker
2 Esslöffel Kakaopulver
1 Teelöffel Instantkaffeegranulat

ANWEISUNGEN:

In einem Topf Sahne, Vollmilch, Kakaopulver und Instantkaffeegranulat bei mittlerer Hitze erhitzen, bis es zu köcheln beginnt. Vom Herd nehmen.
In einer separaten Schüssel Eigelb und Zucker verrühren, bis alles gut vermischt ist.
Gießen Sie die heiße Sahnemischung langsam unter ständigem Rühren in die Eigelbmischung.
Verteilen Sie die Mischung auf Auflaufförmchen oder ofenfeste Schüsseln.
Legen Sie die Auflaufförmchen in eine Auflaufform und füllen Sie die Form mit heißem Wasser, bis es bis zur Hälfte des Randes der Auflaufförmchen reicht.
Etwa 35–40 Minuten backen, oder bis die Creme fest, aber in der Mitte noch leicht wackelig ist.
Nehmen Sie die Auflaufförmchen aus dem Wasserbad und lassen Sie sie auf Raumtemperatur abkühlen. Anschließend mindestens 2 Stunden oder über Nacht in den Kühlschrank stellen.

53. Chicoréecreme Pot de Crème

ZUTATEN:
- 1 Esslöffel Butter
- 3 Tassen Sahne
- 1 ½ Tassen Zucker
- 1 Tasse Chicorée-Kaffee
- 8 Eigelb
- 20 kleine Shortbread-Kekse

Richtungen

g) Heizen Sie den Ofen auf 275 Grad F vor. Fetten Sie 10 (4 Unzen) Auflaufförmchen ein. In einem Topf bei mittlerer Hitze Sahne, Zucker und Kaffee vermischen.

h) Schneebesen, bis alles glatt ist. In einer kleinen Rührschüssel die Eier glatt rühren. Eigelb in die heiße Sahnemischung einrühren. Vom Herd nehmen und abkühlen lassen. In die einzelnen Auflaufförmchen füllen. Legen Sie die Auflaufförmchen in eine Auflaufform.

i) Füllen Sie die Form mit Wasser bis zur Hälfte der Auflaufform. In den Ofen auf die unterste Schiene stellen und ca. 45 Minuten bis 1 Stunde garen, bis die Mitte fest ist.

j) Aus dem Ofen nehmen und wässern. Vollständig abkühlen lassen.

k) Bis zum Abkühlen im Kühlschrank aufbewahren.

l) Servieren Sie den Sahne-Pot de Crème mit Shortbread-Keksen.

54. Espresso Pot de Crème

ZUTATEN:
- 1 Tasse Sahne
- 1 Tasse Vollmilch
- ½ Tasse Kristallzucker
- 1 Vanilleschote, gespalten und das Mark herausgekratzt (oder 1 Teelöffel Vanilleextrakt)
- 4 große Eigelb
- 2 Esslöffel Espressopulver

ANWEISUNGEN:
h) Heizen Sie Ihren Backofen auf 300 °F (150 °C) vor. Vier Auflaufförmchen in eine Auflaufform geben und beiseite stellen.
i) In einem Topf Sahne, Vollmilch, Kristallzucker, Espressopulver und Vanilleschoten (oder Vanilleextrakt) vermischen. Bei mittlerer bis niedriger Hitze unter gelegentlichem Rühren erhitzen, bis es köchelt. Vom Herd nehmen.
j) In einer separaten Schüssel das Eigelb verquirlen, bis es hell und leicht eingedickt ist.
k) Gießen Sie die heiße Sahnemischung langsam in das Eigelb und rühren Sie dabei ständig um, um ein Gerinnen zu vermeiden.
l) Verteilen Sie die Vanillepuddingmischung auf die vier Auflaufförmchen. Füllen Sie die Auflaufform bis zur Hälfte des Randes der Auflaufförmchen mit heißem Wasser, sodass ein Wasserbad entsteht.
m) 35–40 Minuten backen oder bis die Ränder fest sind, die Mitte aber noch leicht wackelt.
n) Nehmen Sie die Auflaufförmchen aus dem Wasserbad und lassen Sie sie auf Raumtemperatur abkühlen. Dann mindestens 2 Stunden lang in den Kühlschrank stellen oder bis es abgekühlt und fest geworden ist.

TEE

55. Earl Grey Pot de Crème

ZUTATEN:
- 2 Tassen Sahne
- 2 Esslöffel lose Earl-Grey-Teeblätter
- ½ Tasse Kristallzucker
- 6 große Eigelb
- 1 Teelöffel Vanilleextrakt
- Schlagsahne und zusätzliche Teeblätter zum Garnieren

ANWEISUNGEN:
a) In einem Topf die Sahne und die losen Earl-Grey-Teeblätter erhitzen, bis sie köcheln.
b) Vom Herd nehmen und 10 Minuten ziehen lassen.
c) Die Sahne abseihen, um die Teeblätter zu entfernen.
d) In einer separaten Schüssel Eigelb und Zucker verrühren, bis alles gut vermischt ist.
e) Gießen Sie die heiße, mit Earl Grey angereicherte Sahne langsam unter ständigem Rühren in die Eigelbe.
f) Den Vanilleextrakt einrühren.
g) Gießen Sie die Mischung in einzelne Pots de Creme-Becher und stellen Sie sie vor dem Servieren mindestens 3 Stunden lang in den Kühlschrank.
h) Vor dem Servieren mit einem Klecks Schlagsahne und einer Prise zusätzlicher Teeblätter garnieren.

56. Chai-Teekanne de Crème

ZUTATEN:

- 1 Tasse Sahne
- 1 Tasse Vollmilch
- 2 Esslöffel lose Chai-Teemischung
- ⅓ Tasse hellbrauner Zucker
- 4 große Eigelb
- 1 Teelöffel Vanilleextrakt
- Eine Prise gemahlener Zimt und gemahlener Kardamom (optional, für zusätzlichen Geschmack)

ANWEISUNGEN:

a) Heizen Sie Ihren Backofen auf 325 °F (160 °C) vor. Stellen Sie einen Wasserkocher oder einen Topf mit Wasser zum Kochen auf den Herd. Diese benötigen Sie später für das Wasserbad.

b) In einem mittelgroßen Topf die Sahne und die Vollmilch vermischen. Erhitzen Sie die Mischung bei mittlerer Hitze, bis sie anfängt zu dampfen, aber nicht zu kochen. Den Topf vom Herd nehmen.

c) Geben Sie die lose Chai-Teemischung zur Sahne-Milch-Mischung hinzu. Wenn Sie den Geschmack mit Zimt und Kardamom verstärken möchten, geben Sie jeweils eine Prise Zimt und Kardamom in die Mischung. Vorsichtig umrühren, um sicherzustellen, dass der Tee vollständig eingetaucht ist.

d) Lassen Sie den Chai-Tee etwa 10–15 Minuten in der Sahne-Milch-Mischung ziehen. Je länger Sie ziehen lassen, desto stärker wird der Chai-Geschmack.

e) Während der Tee zieht, in einer separaten Rührschüssel Eigelb und hellbraunen Zucker verquirlen, bis die Mischung glatt und cremig ist.

f) Sobald der Tee eingeweicht ist, gießen Sie die Sahne-Milch-Mischung durch ein feinmaschiges Sieb, um die Teeblätter und etwaige Gewürze zu entfernen. Sie sollten eine glatte, aufgegossene Flüssigkeit erhalten.

g) Gießen Sie die mit Chai angereicherte Sahne-Milch-Mischung langsam mit den Eigelben und dem Zucker in die Schüssel und rühren Sie dabei ständig um. Dies dient dazu, die Eier zu temperieren und sicherzustellen, dass sie durch die Hitze nicht zerfallen.

h) Den Vanilleextrakt unter die Mischung rühren. Die Vanille ergänzt die Chai-Aromen und verleiht dem Dessert Tiefe.

i) Jetzt ist es an der Zeit, Ihre Auflaufförmchen oder Puddingbecher vorzubereiten. Verteilen Sie die Mischung gleichmäßig auf vier 6-Unzen-Auflaufförmchen.

j) Legen Sie die gefüllten Auflaufförmchen in eine große Auflaufform oder einen Bräter. Erstellen Sie ein Wasserbad, indem Sie vorsichtig heißes Wasser in die größere Schüssel gießen, bis es etwa bis zur Hälfte des Randes der Auflaufförmchen reicht.

k) Schieben Sie die Auflaufform mit den Auflaufförmchen vorsichtig in den vorgeheizten Ofen. Etwa 30–35 Minuten backen oder bis die Ränder fest sind, die Mitte aber noch leicht wackelig ist.

l) Anschließend die Förmchen aus dem Wasserbad nehmen und kurz bei Zimmertemperatur abkühlen lassen.

m) Decken Sie die Auflaufförmchen mit Plastikfolie ab und stellen Sie sie mindestens 2 Stunden lang in den Kühlschrank, oder bis sie vollständig abgekühlt und fest geworden sind.

n) Vor dem Servieren können Sie den Chai Tea Pot de Crème nach Wunsch mit einer Prise gemahlenem Zimt oder einem Klecks Schlagsahne garnieren.

57. Matcha Pot de Crème

ZUTATEN:

- 1 Tasse Sahne
- 1 Tasse Vollmilch
- 2 Esslöffel Matcha-Grüntee-Pulver
- ⅓ Tasse Kristallzucker
- 4 große Eigelb
- 1 Teelöffel Vanilleextrakt

ANWEISUNGEN:

a) In einem Topf Sahne, Vollmilch, Matcha-Grüntee-Pulver und Zucker verrühren, bis alles gut vermischt ist.

b) Erhitzen Sie die Mischung bei mittlerer bis niedriger Hitze, bis sie zu köcheln beginnt, und nehmen Sie sie dann vom Herd.

c) In einer Rührschüssel Eigelb und Vanilleextrakt verrühren, bis alles gut vermischt ist.

d) Gießen Sie die warme Sahnemischung langsam unter ständigem Rühren in die Eigelbmischung.

e) Verteilen Sie die Mischung auf die Töpfe oder Auflaufförmchen.

f) Befolgen Sie die gleichen Back- und Kühlanweisungen wie in den vorherigen Rezepten.

58. Rooibos Pot de Crème

ZUTATEN:
- 1 Tasse Sahne
- 1 Tasse Vollmilch
- 3 Esslöffel loser Rooibos-Tee
- ¼ Tasse Honig oder hellbrauner Zucker
- 4 große Eigelb
- 1 Teelöffel Vanilleextrakt

ANWEISUNGEN:
a) In einem Topf Sahne, Vollmilch, Rooibos-Tee und Honig (oder braunen Zucker) vermischen. Bei mittlerer bis niedriger Hitze erhitzen, bis es anfängt zu köcheln. Vom Herd nehmen, abdecken und etwa 20 Minuten ziehen lassen.
b) Heizen Sie Ihren Backofen auf 325 °F (160 °C) vor.
c) In einer Rührschüssel Eigelb und Vanilleextrakt verrühren, bis alles gut vermischt ist.
d) Die eingeweichte, mit Rooibos-Tee angereicherte Sahnemischung absehen, um die Teeblätter zu entfernen.
e) Gießen Sie die Sahnemischung langsam unter ständigem Rühren in die Eigelbmischung.
f) Verteilen Sie die Mischung auf die Töpfe oder Auflaufförmchen.
g) Befolgen Sie die gleichen Back- und Kühlanweisungen wie in den vorherigen Rezepten.

59. Jasmin Pot de Crème

ZUTATEN:

- 1 Tasse Sahne
- ½ Tasse Vollmilch
- ¼ Tasse Jasminteeblätter (lose Blätter oder in Teebeuteln)
- 4 große Eigelb
- ¼ Tasse Kristallzucker
- 1 Teelöffel Jasminextrakt
- Mandelblättchen zum Garnieren (optional)

ANWEISUNGEN:

a) In einem Topf die Sahne, die Vollmilch und die Jasminteeblätter bei mittlerer Hitze erhitzen, bis alles zu köcheln beginnt. Vom Herd nehmen, abdecken und etwa 15–20 Minuten ziehen lassen.

b) In einer separaten Schüssel Eigelb und Zucker verrühren, bis alles gut vermischt ist.

c) Die mit Jasmin angereicherte Sahnemischung durch ein feinmaschiges Sieb in einen sauberen Topf abseihen, um die Teeblätter zu entfernen.

d) Erhitzen Sie die Sahnemischung erneut, bis sie heiß ist, aber nicht kocht.

e) Die heiße Sahnemischung langsam unter ständigem Rühren in die Eigelbmischung gießen.

f) Den Jasminextrakt einrühren.

g) Verteilen Sie die Mischung auf vier Auflaufförmchen oder kleine Gläser.

h) Im Wasserbad bei 160 °C etwa 30–35 Minuten backen oder bis die Ränder fest sind, die Mitte jedoch leicht wackelt.

i) Aus dem Ofen nehmen, auf Raumtemperatur abkühlen lassen und vor dem Servieren mindestens 2 Stunden im Kühlschrank lagern.

j) Vor dem Servieren nach Belieben mit Mandelblättchen garnieren.

VEGGIE BRÛLÉE

60. Kürbisbrotpudding Pot de Crème

ZUTATEN:
- 2 Tassen Kürbispüree
- 1 Tasse Sahne
- 1 Tasse Vollmilch
- 4 Eigelb
- ½ Tasse Kristallzucker
- 1 Teelöffel Vanilleextrakt
- 1 Teelöffel gemahlener Zimt
- ½ Teelöffel gemahlene Muskatnuss
- ¼ Teelöffel gemahlene Nelken
- 4 Tassen gewürfeltes Brot vom Vortag

ANWEISUNGEN:
a) Heizen Sie Ihren Backofen auf 325 °F (160 °C) vor.
b) In einer Schüssel Kürbispüree, Sahne, Milch, Eigelb, Zucker, Vanilleextrakt, Zimt, Muskatnuss und Nelken verrühren, bis alles gut vermischt ist.
c) Die Brotwürfel zur Mischung geben und 10-15 Minuten quellen lassen.
d) Verteilen Sie die Mischung auf Auflaufförmchen oder ofenfeste Schüsseln.
e) Legen Sie die Auflaufförmchen in eine Auflaufform und füllen Sie die Form mit heißem Wasser, bis es bis zur Hälfte des Randes der Auflaufförmchen reicht.
f) Etwa 40–45 Minuten backen, oder bis die Creme fest ist.
g) Nehmen Sie die Auflaufförmchen aus dem Wasserbad und lassen Sie sie auf Raumtemperatur abkühlen. Anschließend mindestens 2 Stunden oder über Nacht in den Kühlschrank stellen.

61. Ingwer-Chile-Creme Pot de Crème

ZUTATEN:
- 1 Tasse Sahne
- 1 Tasse Vollmilch
- 4 Eigelb
- ½ Tasse Kristallzucker
- 1 Esslöffel geriebener frischer Ingwer
- 1 kleine rote Chilischote, fein gehackt (für weniger Schärfe die Kerne entfernen)

ANWEISUNGEN:
a) Heizen Sie Ihren Backofen auf 325 °F (160 °C) vor.
b) In einem Topf Sahne, Milch, geriebenen Ingwer und gehackte Chili bei mittlerer Hitze erhitzen, bis es zu köcheln beginnt.
c) In einer separaten Schüssel Eigelb und Zucker verrühren, bis alles gut vermischt ist.
d) Gießen Sie die heiße Sahnemischung langsam unter ständigem Rühren in die Eigelbmischung.
e) Die Mischung durch ein feinmaschiges Sieb passieren, um Ingwer und Chili zu entfernen.
f) Verteilen Sie die Mischung auf Auflaufförmchen oder ofenfeste Schüsseln.
g) Legen Sie die Auflaufförmchen in eine Auflaufform und füllen Sie die Form mit heißem Wasser, bis es bis zur Hälfte des Randes der Auflaufförmchen reicht.
h) Etwa 35–40 Minuten backen, oder bis die Creme fest, aber in der Mitte noch leicht wackelig ist.
i) Nehmen Sie die Auflaufförmchen aus dem Wasserbad und lassen Sie sie auf Raumtemperatur abkühlen. Anschließend mindestens 2 Stunden oder über Nacht in den Kühlschrank stellen.

62. Rhabarber Pot de Crème

ZUTATEN:
- 2 Tassen gehackter Rhabarber
- ½ Tasse Kristallzucker
- 1 Tasse Sahne
- 1 Tasse Vollmilch
- 4 Eigelb

ANWEISUNGEN:
a) Heizen Sie Ihren Backofen auf 325 °F (160 °C) vor.

b) In einem Topf den gehackten Rhabarber und eine halbe Tasse Zucker vermischen. Bei mittlerer Hitze kochen, bis der Rhabarber weich ist und seinen Saft abgibt.

c) Den Rhabarber vom Herd nehmen und etwas abkühlen lassen. Den Rhabarber mit einer Gabel zerdrücken oder glatt rühren.

d) In einer separaten Schüssel das Eigelb und eine halbe Tasse Kristallzucker verquirlen, bis alles gut vermischt ist.

e) In einem anderen Topf die Sahne und die Milch bei mittlerer Hitze erhitzen, bis sie zu köcheln beginnen.

f) Gießen Sie die heiße Sahnemischung langsam unter ständigem Rühren in die Eigelbmischung.

g) Den zerdrückten Rhabarber unterrühren, bis alles gut vermischt ist.

h) Verteilen Sie die Mischung auf Auflaufförmchen oder ofenfeste Schüsseln.

i) Legen Sie die Auflaufförmchen in eine Auflaufform und füllen Sie die Form mit heißem Wasser, bis es bis zur Hälfte des Randes der Auflaufförmchen reicht.

j) Etwa 35–40 Minuten backen, oder bis die Creme fest, aber in der Mitte noch leicht wackelig ist.

k) Nehmen Sie die Auflaufförmchen aus dem Wasserbad und lassen Sie sie auf Raumtemperatur abkühlen. Anschließend mindestens 2 Stunden oder über Nacht in den Kühlschrank stellen.

BLUMEN

63. Rose Mawa Pots De Creme

ZUTATEN:
- 80g rohe Cashewnüsse
- 120 g geriebener Mawa (Khoya)
- 1½ Tassen vollfette ungesüßte Kokosmilch (dick)
- ½ Tasse) Zucker
- ½ Tasse Sahne
- 1-2 Esslöffel Rosensirup
- ½ Teelöffel Rosenessenz
- 2 grüne Kardamomkapseln (nur Samen)
- Granatapfelkerne, Nüsse, Rosenblätter und Schlagsahne zum Garnieren

ANWEISUNGEN:

a) Die Cashewnüsse in einer Pfanne bei sehr schwacher Hitze unter ständigem Rühren etwa 2-3 Minuten lang trocken rösten, bis ein schönes Aroma entsteht. Achten Sie darauf, dass sie nicht zu dunkel werden. Vom Herd nehmen und die Cashewnüsse abkühlen lassen. Sobald die Cashewnüsse abgekühlt sind, mahlen Sie sie in kleinen Mengen zu einem feinen Pulver, um zu verhindern, dass überschüssiges Öl freigesetzt wird. Verwenden Sie ein Sieb, um große Stücke abzutrennen und erneut zu mahlen. Das Cashewpulver beiseite stellen.

b) Geben Sie in die gleiche Pfanne das geriebene Mawa und kochen Sie es bei schwacher Hitze unter ständigem Rühren mit einem Spatel oder Holzlöffel etwa 6–7 Minuten lang oder bis das Mawa weich und glänzend wird. Lassen Sie nicht zu, dass es seine Farbe ändert. Geben Sie die gekochte Mawa auf einen Teller und lassen Sie sie abkühlen.

c) Mahlen Sie die Samen der grünen Kardamomkapseln mit einem Mörser und Pistill zu einem feinen Pulver.

d) In einer großen Schüssel das abgekühlte Mawa vermischen und das Cashewpulver darüber streuen. Fügen Sie eine halbe Tasse Kokosmilch hinzu und verrühren Sie sie vorsichtig, bis eine klumpenfreie Paste entsteht. Achten Sie dabei darauf, dass sich der Zucker auflöst.

e) Restliche Kokosmilch und Sahne dazugeben. 3–5 Minuten lang kräftig verrühren, bis die Mischung gut vermischt und leicht eingedickt ist. Stellen Sie sicher, dass die Mischung glatt ist, indem Sie sie durch ein Musselintuch oder ein Sieb geben. Alternativ können Sie die Mischung auch zwei- bis dreimal in einem Mixer zerkleinern und dabei darauf achten, dass Sie nicht zu viel mixen.

f) Rosensirup, Rosenessenz und gemahlenen Kardamom zu der Mischung hinzufügen. Gründlich umrühren, bis alle Aromen eingearbeitet sind.

g) Teilen Sie die Mischung in 4 Auflaufförmchen auf. Decken Sie jede Auflaufform mit Frischhaltefolie ab und lassen Sie sie mindestens 6 Stunden oder besser über Nacht im Kühlschrank ruhen, damit sie fest wird.

h) Garnieren Sie die Rose Mawa Pots De Creme vor dem Servieren mit Granatapfelkernen, Nüssen, Rosenblättern und einem Klecks Schlagsahne.

i) Servieren Sie es gekühlt und genießen Sie dieses köstliche indisch-französische Fusionsdessert!

64. Pot de Crème mit Rosen- und Pistazien-Toffeesplittern

ZUTATEN:
- ⅔ Tasse (100 g) Pistaziensplitter
- ¼ Tasse getrocknete Rosenblätter (siehe Hinweis)
- 345 g Puderzucker
- 2 goldfeste Gelatineblätter (siehe Hinweis)
- ¾ Tasse (185 ml) Milch
- 5 Eigelb
- 1 Esslöffel Rosenwasser (siehe Hinweis)
- 2 Tropfen rosa Lebensmittelfarbe
- 300 ml eingedickte Sahne, plus zusätzliche Schlagsahne zum Servieren
- Ungespritzte frische Rosenblätter zum Garnieren

ANWEISUNGEN:

a) Pistaziensplitter und getrocknete Rosenblätter vermischen und gleichmäßig auf einem mit Backpapier ausgelegten Backblech verteilen.

b) Geben Sie 1 Tasse (220 g) Zucker und ¼ Tasse (3 Esslöffel) Wasser in eine Pfanne bei schwacher Hitze. Rühren, bis sich der Zucker aufgelöst hat. Erhöhen Sie die Hitze auf mittel. Ohne Rühren 3-4 Minuten kochen lassen, bis ein hellgoldener Karamell entsteht. Gießen Sie das Karamell über die Nüsse und Blütenblätter auf dem Backblech und lassen Sie es dann 15 Minuten lang vollständig abkühlen. Nach dem Abkühlen das Karamell in Stücke brechen. (Sie können dies einen Tag im Voraus tun und die Scherben in einem luftdichten Behälter aufbewahren.)

c) Die Gelatineblätter 5 Minuten in kaltem Wasser einweichen, damit sie weich werden. In der Zwischenzeit die Milch in einem Topf bei mittlerer Hitze knapp unter den Siedepunkt bringen.

d) In einer Schüssel das Eigelb und die restlichen 125 g Zucker schaumig schlagen. Nach und nach die Milch unterrühren. Anschließend die Mischung bei schwacher Hitze unter ständigem Rühren wieder in die Pfanne geben, bis sie dick genug ist, um die Rückseite eines Löffels zu bedecken.

e) Nehmen Sie die Mischung vom Herd, drücken Sie überschüssiges Wasser aus den Gelatineblättern und geben Sie die Gelatine unter Rühren zur Milchmischung. Gießen Sie die Mischung durch ein Sieb in eine Schüssel. Rosenwasser und Lebensmittelfarbe einrühren. Lassen Sie die Mischung 1 Stunde lang abkühlen.

f) Schlagen Sie die eingedickte Sahne zu weichen Spitzen auf und heben Sie sie vorsichtig unter die abgekühlte Milchmischung. Achten Sie dabei darauf, dass so viel Luft wie möglich drin bleibt. Verteilen Sie die Mischung auf sechs 150-ml-Auflaufförmchen. Die Förmchen 4 Stunden kalt stellen, bis die Cremes fest werden. (Sie können diese einen Tag im Voraus zubereiten.)

g) Servieren Sie die Rosenblütencreme mit zusätzlicher Schlagsahne und den Zuckersplittern. Mit frischen Rosenblättern dekorieren.

65. Lavendel Pot de Crème

ZUTATEN:
- 1 Tasse Sahne
- ½ Tasse Vollmilch
- ¼ Tasse getrocknete Lavendelknospen
- 4 große Eigelb
- ¼ Tasse Kristallzucker
- 1 Teelöffel Vanilleextrakt
- Frische Lavendelzweige zum Garnieren (optional)

ANWEISUNGEN:

a) In einem Topf die Sahne, die Vollmilch und die getrockneten Lavendelknospen bei mittlerer Hitze erhitzen, bis es zu köcheln beginnt. Vom Herd nehmen, abdecken und etwa 20 Minuten ziehen lassen.

b) In einer separaten Schüssel Eigelb und Zucker verrühren, bis alles gut vermischt ist.

c) Die mit Lavendel angereicherte Sahnemischung durch ein feinmaschiges Sieb in einen sauberen Topf abseihen, um die Lavendelknospen zu entfernen.

d) Erhitzen Sie die Sahnemischung erneut, bis sie heiß ist, aber nicht kocht.

e) Die heiße Sahnemischung langsam unter ständigem Rühren in die Eigelbmischung gießen.

f) Den Vanilleextrakt einrühren.

g) Verteilen Sie die Mischung auf vier Auflaufförmchen oder kleine Gläser.

h) Im Wasserbad bei 160 °C etwa 30–35 Minuten backen oder bis die Ränder fest sind, die Mitte jedoch leicht wackelt.

i) Aus dem Ofen nehmen, auf Raumtemperatur abkühlen lassen und vor dem Servieren mindestens 2 Stunden im Kühlschrank lagern.

j) Bei Bedarf vor dem Servieren mit frischen Lavendelzweigen garnieren.

66. Rosen- und Granatapfel-Pots de Crème

ZUTATEN:
- 4 große Eigelb
- ⅓ Tasse Kristallzucker
- 1 Tasse Sahne
- 1 Tasse Vollmilch
- 2 Esslöffel Rosenwasser
- 1 Teelöffel Vanilleextrakt
- ¼ Teelöffel Salz
- ¼ Tasse Granatapfelkerne zum Garnieren
- Frische Minzblätter zum Garnieren

ANWEISUNGEN:

a) Heizen Sie Ihren Backofen auf 325 °F (160 °C) vor. Stellen Sie vier Auflaufförmchen oder kleine ofenfeste Tassen in eine Auflaufform.

b) In einer Rührschüssel Eigelb und Kristallzucker verrühren, bis die Mischung glatt und hellgelb ist.

c) In einem Topf die Sahne und die Vollmilch bei mittlerer Hitze erhitzen. Lassen Sie die Mischung leicht köcheln und rühren Sie dabei gelegentlich um, um ein Anbrennen zu vermeiden. Vom Herd nehmen.

d) Gießen Sie die heiße Milchmischung nach und nach mit den Eigelben und dem Zucker in die Schüssel und rühren Sie dabei ständig um, damit die Eier nicht gerinnen.

e) Rosenwasser, Vanilleextrakt und Salz einrühren und alles gründlich vermischen.

f) Verteilen Sie die Vanillepuddingmischung vorsichtig auf die Auflaufförmchen in der Auflaufform.

g) Erstellen Sie ein Wasserbad für die Auflaufförmchen, indem Sie die Auflaufform mit so viel heißem Wasser füllen, dass es etwa bis zur Hälfte des Randes der Auflaufförmchen reicht.

h) Stellen Sie die Auflaufform in den vorgeheizten Ofen und backen Sie sie etwa 25 bis 30 Minuten lang oder bis die Ränder der Vanillesoße fest sind, die Mitte jedoch beim leichten Schütteln noch leicht wackelt.

i) Nehmen Sie die Auflaufförmchen aus dem Wasserbad und lassen Sie sie auf Raumtemperatur abkühlen.

j) Decken Sie jede Auflaufform mit Plastikfolie ab und stellen Sie sie mindestens 4 Stunden oder besser über Nacht in den Kühlschrank, damit sich die Aromen vermischen und die Creme fest wird.

k) Kurz vor dem Servieren jedes Pot de Crème mit einer Prise Granatapfelkernen und ein paar frischen Minzblättern garnieren.

l) Genießen Sie Ihre köstlichen Rosen- und Granatapfel-Pots de Crème als erfrischendes und elegantes Dessert!

67. Rose Pot de Crème

ZUTATEN:
- 1 Tasse Sahne
- ½ Tasse Vollmilch
- ¼ Tasse getrocknete Rosenblätter (kulinarisch)
- 4 große Eigelb
- ¼ Tasse Kristallzucker
- 1 Teelöffel Rosenwasser
- Rosa Lebensmittelfarbe (optional)
- Essbare Rosenblätter zum Garnieren (optional)

ANWEISUNGEN:

a) In einem Topf die Sahne, die Vollmilch und die getrockneten Rosenblätter bei mittlerer Hitze erhitzen, bis es zu köcheln beginnt. Vom Herd nehmen, abdecken und etwa 20 Minuten ziehen lassen.

b) In einer separaten Schüssel Eigelb und Zucker verrühren, bis alles gut vermischt ist.

c) Die mit Rosen angereicherte Sahnemischung durch ein feinmaschiges Sieb in einen sauberen Topf abseihen, um die Rosenblätter zu entfernen.

d) Erhitzen Sie die Sahnemischung erneut, bis sie heiß ist, aber nicht kocht.

e) Die heiße Sahnemischung langsam unter ständigem Rühren in die Eigelbmischung gießen.

f) Rosenwasser und rosa Lebensmittelfarbe (falls verwendet) einrühren, um die gewünschte Farbe zu erzielen.

g) Verteilen Sie die Mischung auf vier Auflaufförmchen oder kleine Gläser.

h) Im Wasserbad bei 160 °C etwa 30–35 Minuten backen oder bis die Ränder fest sind, die Mitte jedoch leicht wackelt.

i) Aus dem Ofen nehmen, auf Raumtemperatur abkühlen lassen und vor dem Servieren mindestens 2 Stunden im Kühlschrank lagern.

j) Nach Belieben vor dem Servieren mit essbaren Rosenblättern garnieren.

68. Orangenblüten-Pot de Crème

ZUTATEN:
- 1 Tasse Sahne
- ½ Tasse Vollmilch
- 1 Esslöffel getrocknete Orangenblütenblätter (kulinarisch)
- 4 große Eigelb
- ¼ Tasse Kristallzucker
- 1 Teelöffel Orangenblütenwasser
- Kandierte Orangenschale zum Garnieren (optional)

ANWEISUNGEN:

a) In einem Topf die Sahne, die Vollmilch und die getrockneten Orangenblütenblätter bei mittlerer Hitze erhitzen, bis es zu köcheln beginnt. Vom Herd nehmen, abdecken und etwa 15–20 Minuten ziehen lassen.

b) In einer separaten Schüssel Eigelb und Zucker verrühren, bis alles gut vermischt ist.

c) Die mit Orangenblüten angereicherte Sahnemischung durch ein feinmaschiges Sieb in einen sauberen Topf abseihen, um die Blütenblätter zu entfernen.

d) Erhitzen Sie die Sahnemischung erneut, bis sie heiß ist, aber nicht kocht.

e) Die heiße Sahnemischung langsam unter ständigem Rühren in die Eigelbmischung gießen.

f) Das Orangenblütenwasser einrühren.

g) Verteilen Sie die Mischung auf vier Auflaufförmchen oder kleine Gläser.

h) Im Wasserbad bei 160 °C etwa 30–35 Minuten backen oder bis die Ränder fest sind, die Mitte jedoch leicht wackelt.

i) Aus dem Ofen nehmen, auf Raumtemperatur abkühlen lassen und vor dem Servieren mindestens 2 Stunden im Kühlschrank lagern.

j) Nach Belieben vor dem Servieren mit kandierter Orangenschale garnieren.

69. Lavendelcreme Pot de Crème

ZUTATEN:
- 1 Tasse Sahne
- 1 Tasse Vollmilch
- 4 Eigelb
- ½ Tasse Kristallzucker
- 2 Esslöffel getrockneter Küchenlavendel

ANWEISUNGEN:
a) Heizen Sie Ihren Backofen auf 325 °F (160 °C) vor.
b) In einem Topf Sahne, Milch und getrockneten Lavendel bei mittlerer Hitze erhitzen, bis es zu köcheln beginnt. Vom Herd nehmen und den Lavendel etwa 10 Minuten ziehen lassen.
c) Die Sahnemischung durch ein feinmaschiges Sieb passieren, um den Lavendel zu entfernen.
d) In einer separaten Schüssel Eigelb und Zucker verrühren, bis alles gut vermischt ist.
e) Gießen Sie die mit Lavendel angereicherte Sahnemischung langsam unter ständigem Rühren in die Eigelbmischung.
f) Verteilen Sie die Mischung auf Auflaufförmchen oder ofenfeste Schüsseln.
g) Legen Sie die Auflaufförmchen in eine Auflaufform und füllen Sie die Form mit heißem Wasser, bis es bis zur Hälfte des Randes der Auflaufförmchen reicht.
h) Etwa 35–40 Minuten backen, oder bis die Creme fest, aber in der Mitte noch leicht wackelig ist.
i) Nehmen Sie die Auflaufförmchen aus dem Wasserbad und lassen Sie sie auf Raumtemperatur abkühlen. Anschließend mindestens 2 Stunden oder über Nacht in den Kühlschrank stellen.

70. Rose Pot de Crème

ZUTATEN:
- 2 Tassen Sahne
- ½ Tasse Kristallzucker
- 1 Esslöffel getrocknete Rosenblätter
- 6 große Eigelb
- ½ Teelöffel Rosenwasser

ANWEISUNGEN:
a) Heizen Sie den Ofen auf 325 °F (160 °C) vor. Legen Sie sechs Auflaufförmchen in eine Auflaufform.
b) In einem Topf die Sahne und die getrockneten Rosenblätter bei mittlerer Hitze erhitzen, bis es zu köcheln beginnt. Vom Herd nehmen und 10 Minuten ziehen lassen.
c) In einer Rührschüssel Eigelb, Kristallzucker und Rosenwasser verrühren, bis alles gut vermischt ist.
d) Die mit Rosen angereicherte Sahnemischung abseihen, um die Blütenblätter zu entfernen, und sie dann langsam unter ständigem Rühren in die Eimischung gießen.
e) Verteilen Sie die Mischung gleichmäßig auf die Auflaufförmchen. Stellen Sie die Auflaufform mit den Auflaufförmchen auf den Ofenrost und gießen Sie vorsichtig heißes Wasser in die Auflaufform, bis es etwa bis zur Hälfte des Randes der Auflaufförmchen reicht.
f) Etwa 35–40 Minuten backen oder bis die Ränder fest sind, die Mitte aber noch leicht wackelt.
g) Nehmen Sie die Auflaufförmchen aus dem Wasserbad und lassen Sie sie auf Raumtemperatur abkühlen. Anschließend für mindestens 2 Stunden in den Kühlschrank stellen oder bis es vollständig abgekühlt ist.

71. Orangenblüten-Pot de Crème

ZUTATEN:
- 2 Tassen Sahne
- ½ Tasse Kristallzucker
- 1 Esslöffel Orangenblütenwasser
- 6 große Eigelb
- ½ Teelöffel Vanilleextrakt

ANWEISUNGEN:
a) Heizen Sie Ihren Backofen auf 325 °F (160 °C) vor. Legen Sie sechs Auflaufförmchen in eine Auflaufform.
b) In einem Topf die Sahne und den Kristallzucker bei mittlerer Hitze erhitzen, bis es zu köcheln beginnt. Vom Herd nehmen und Orangenblütenwasser und Vanilleextrakt einrühren.
c) In einer Rührschüssel die Eigelbe verquirlen, bis alles gut vermischt ist. Die Sahnemischung langsam unter ständigem Rühren in die Eigelbe gießen.
d) Verteilen Sie die Mischung gleichmäßig auf die Auflaufförmchen. Stellen Sie die Auflaufform mit den Auflaufförmchen auf den Ofenrost und gießen Sie vorsichtig heißes Wasser in die Auflaufform, bis es etwa bis zur Hälfte des Randes der Auflaufförmchen reicht.
e) Etwa 35–40 Minuten backen oder bis die Ränder fest sind, die Mitte aber noch leicht wackelt.
f) Nehmen Sie die Auflaufförmchen aus dem Wasserbad und lassen Sie sie auf Raumtemperatur abkühlen. Anschließend für mindestens 2 Stunden in den Kühlschrank stellen oder bis es vollständig abgekühlt ist.

72. Holunderblüten Pot de Crème

ZUTATEN:
- 2 Tassen Sahne
- ½ Tasse Kristallzucker
- 2 Esslöffel Holunderblütensirup
- 6 große Eigelb
- ½ Teelöffel Zitronenschale

ANWEISUNGEN:
a) Heizen Sie den Ofen auf 325 °F (160 °C) vor. Legen Sie sechs Auflaufförmchen in eine Auflaufform.
b) In einem Topf die Sahne und den Kristallzucker bei mittlerer Hitze erhitzen, bis es zu köcheln beginnt. Vom Herd nehmen und Holunderblütensirup und Zitronenschale unterrühren.
c) In einer Rührschüssel die Eigelbe verquirlen, bis alles gut vermischt ist. Die Sahnemischung langsam unter ständigem Rühren in die Eigelbe gießen.
d) Verteilen Sie die Mischung gleichmäßig auf die Auflaufförmchen. Stellen Sie die Auflaufform mit den Auflaufförmchen auf den Ofenrost und gießen Sie vorsichtig heißes Wasser in die Auflaufform, bis es etwa bis zur Hälfte des Randes der Auflaufförmchen reicht.
e) Etwa 35–40 Minuten backen oder bis die Ränder fest sind, die Mitte aber noch leicht wackelt.
f) Nehmen Sie die Auflaufförmchen aus dem Wasserbad und lassen Sie sie auf Raumtemperatur abkühlen. Anschließend für mindestens 2 Stunden in den Kühlschrank stellen oder bis es vollständig abgekühlt ist.

73. Violetter Pot de Crème

ZUTATEN:
- 2 Tassen Sahne
- ½ Tasse Kristallzucker
- 1 Esslöffel getrocknete Veilchenblütenblätter
- 6 große Eigelb
- ½ Teelöffel Vanilleextrakt

ANWEISUNGEN:
a) Heizen Sie Ihren Backofen auf 325 °F (160 °C) vor. Legen Sie sechs Auflaufförmchen in eine Auflaufform.
b) In einem Topf die Sahne und die getrockneten Veilchenblätter bei mittlerer Hitze erhitzen, bis es zu köcheln beginnt. Vom Herd nehmen und 10 Minuten ziehen lassen.
c) In einer Rührschüssel Eigelb, Kristallzucker und Vanilleextrakt verrühren, bis alles gut vermischt ist.
d) Die mit Veilchen angereicherte Sahnemischung abseihen, um die Blütenblätter zu entfernen, und sie dann langsam unter ständigem Rühren in die Eimischung gießen.
e) Verteilen Sie die Mischung gleichmäßig auf die Auflaufförmchen. Stellen Sie die Auflaufform mit den Auflaufförmchen auf den Ofenrost und gießen Sie vorsichtig heißes Wasser in die Auflaufform, bis es etwa bis zur Hälfte des Randes der Auflaufförmchen reicht.
f) Etwa 35–40 Minuten backen oder bis die Ränder fest sind, die Mitte aber noch leicht wackelt.
g) Nehmen Sie die Auflaufförmchen aus dem Wasserbad und lassen Sie sie auf Raumtemperatur abkühlen. Anschließend für mindestens 2 Stunden in den Kühlschrank stellen oder bis es vollständig abgekühlt ist.

KRÄUTER & GEWÜRZE

74. Minz-Schokoladensplitter-Pot de Crème

ZUTATEN:
- 2 Tassen Sahne
- 1 Tasse Vollmilch
- ½ Tasse Kristallzucker
- 6 große Eigelb
- 1 Teelöffel Pfefferminzextrakt
- ½ Tasse Mini-Schokoladenstückchen
- Grüne Lebensmittelfarbe (optional)

ANWEISUNGEN:

a) In einem Topf Sahne, Vollmilch und Zucker erhitzen, bis es köchelt.

b) In einer separaten Schüssel Eigelb und Pfefferminzextrakt verrühren, bis eine glatte Masse entsteht.

c) Die heiße Sahnemischung langsam unter ständigem Rühren in die Eigelbe gießen.

d) Die Mischung wieder in den Topf geben und bei schwacher Hitze kochen, bis sie leicht eindickt.

e) Vom Herd nehmen, die Mini-Schokoladenstückchen unterrühren und bei Bedarf grüne Lebensmittelfarbe hinzufügen.

f) Gießen Sie die Mischung in einzelne Pots de Creme-Becher und stellen Sie sie vor dem Servieren mindestens 3 Stunden lang in den Kühlschrank.

75. Rosmarin-Karamell-Topf

ZUTATEN:
- 2 Tassen Vollmilch
- 1 Tasse Kristallzucker
- 1 Zweig frischer Rosmarin
- 6 große Eigelb
- 1 Teelöffel Vanilleextrakt
- Meersalzflocken zum Garnieren

ANWEISUNGEN:

a) In einem Topf die Vollmilch und den Kristallzucker erhitzen, bis sie köcheln.

b) Den frischen Rosmarinzweig zur Milchmischung geben und 15 Minuten ziehen lassen.

c) Entfernen Sie den Rosmarin und lassen Sie die Milchmischung erneut köcheln.

d) In einer separaten Schüssel Eigelb und Vanilleextrakt verrühren, bis alles gut vermischt ist.

e) Gießen Sie die heiße, mit Rosmarin angereicherte Milchmischung langsam unter ständigem Rühren in die Eigelbe.

f) Gießen Sie die Mischung in einzelne Pots de Creme-Becher und stellen Sie sie vor dem Servieren mindestens 3 Stunden lang in den Kühlschrank.

g) Streuen Sie vor dem Servieren eine Prise Meersalzflocken auf jedes Pot de Creme.

76. Rosen- und Safran-Pots de Crème

ZUTATEN:
- 150 ml eingedickte Sahne
- ¼ Tasse + 1 Teelöffel Reissirup oder Honig
- ¼ Tasse Milch
- 2 Esslöffel Rosenwasser
- Großzügige Prise Safranfäden
- 1 Ei plus 2 Eigelb
- ½ Vanilleschote
- 1 Esslöffel Pistazien (optional)

ANWEISUNGEN:

a) Den Backofen auf 160 °C (320 °F) vorheizen.

b) In einem mittelgroßen Topf Sahne, Milch, Rosenwasser, Safran und Sirup oder Honig vorsichtig erwärmen, bis es köchelt. Achten Sie darauf, dass es nicht kocht. Vorsichtig umrühren, um den Sirup/Honig einzuarbeiten. Vom Herd nehmen und die Mischung etwas abkühlen lassen.

c) Die Vanilleschote aufschneiden und das Mark auskratzen und in eine Rührschüssel geben. Die Vanilleschotenhülle in die Sahnemischung geben.

d) In die Schüssel mit den Vanillesamen das Ei und das Eigelb geben. Mit einem elektrischen Rührgerät schlagen, bis die Mischung blass und leicht eingedickt wird. Fügen Sie diese Eiermischung zur Sahnemischung hinzu und rühren Sie, bis alles gut vermischt ist (übermäßiges Schlagen vermeiden, um übermäßigen Schaum zu vermeiden). 5 Minuten vom Herd nehmen, damit sich die Aromen entfalten können. In der Zwischenzeit einen Wasserkocher Wasser zum Kochen bringen.

e) Stellen Sie die Auflaufförmchen (3 oder 4) oder Schnapsgläser (8) in eine tiefe Keramik-Auflaufform. Sie können auch kleine Gläser verwenden. Die Mischung in einen Krug abseihen und gleichmäßig auf die Auflaufförmchen oder Schnapsgläser verteilen.

f) Stellen Sie die Form mit den Auflaufförmchen auf die mittlere Schiene des Ofens und gießen Sie das kochende Wasser vorsichtig in die Form, bis es etwa zur Hälfte oder zu drei Vierteln über den Rand der Auflaufförmchen reicht.

g) 40-45 Minuten backen oder bis die Pots de Crème fest sind, aber in der Mitte noch leicht wackeln.

h) Nehmen Sie die Form aus dem Ofen, nehmen Sie die Förmchen vorsichtig aus dem heißen Wasser und legen Sie sie auf ein Tablett. Lassen Sie sie vollständig abkühlen und stellen Sie sie dann vor dem Servieren mindestens eine Stunde lang in den Kühlschrank.

i) Nach Belieben die Pistazien etwa 6-7 Minuten im Ofen rösten, dann zerdrücken und vor dem Servieren über die Pots de Crème streuen. Alternativ können Sie für zusätzliche Textur und Geschmack auch andere Nüsse, Waffeln oder Waben verwenden.

77. Lebkuchen-Pot de Crème

ZUTATEN:
- 2 Tassen Vollmilch
- ½ Tasse Melasse
- ¼ Tasse Kristallzucker
- 6 große Eigelb
- 1 Teelöffel gemahlener Zimt
- ½ Teelöffel gemahlener Ingwer
- ¼ Teelöffel gemahlene Nelken
- Schlagsahne und Lebkuchenplätzchen zum Garnieren

ANWEISUNGEN:
a) In einem Topf Vollmilch, Melasse und Zucker erhitzen, bis es zu köcheln beginnt.
b) In einer separaten Schüssel das Eigelb und die gemahlenen Gewürze verrühren, bis eine glatte Masse entsteht.
c) Die heiße Milchmischung langsam unter ständigem Rühren in die Eigelbe gießen.
d) Die Mischung wieder in den Topf geben und bei schwacher Hitze kochen, bis sie leicht eindickt.
e) Gießen Sie die Mischung in einzelne Pots de Creme-Becher und stellen Sie sie vor dem Servieren mindestens 3 Stunden lang in den Kühlschrank.
f) Vor dem Servieren mit Schlagsahne und einem Lebkuchenplätzchen garnieren.

78. Kürbis Pot de Crème mit Ahorncreme

ZUTATEN:
FÜR KÜRBIS CREME BRÛLÉE
- 1 Tasse Kürbispüree (aus der Dose oder selbstgemacht)
- 4 große Eigelb
- ½ Tasse Kristallzucker
- 1 Tasse Sahne
- 1 Tasse Vollmilch
- 1 Teelöffel Vanilleextrakt
- 1 Teelöffel gemahlener Zimt
- ½ Teelöffel gemahlener Ingwer
- ¼ Teelöffel gemahlene Muskatnuss
- Eine Prise gemahlene Nelken
- Prise Salz

FÜR Ahorn-Schlagsahne:
- 1 Tasse Sahne
- 2 Esslöffel reiner Ahornsirup
- ½ Teelöffel Vanilleextrakt

Anweisungen:
a) Heizen Sie Ihren Backofen auf 325 °F (160 °C) vor. Stellen Sie sechs 170-ml-Auflaufförmchen oder Puddingförmchen in eine Auflaufform.
b) In einer Rührschüssel Kürbispüree, Eigelb, Kristallzucker, Vanilleextrakt, gemahlenen Zimt, gemahlenen Ingwer, gemahlene Muskatnuss, gemahlene Nelken und eine Prise Salz verrühren, bis alles gut vermischt ist.
c) In einem Topf die Sahne und die Vollmilch vermischen. Erhitzen Sie die Mischung bei mittlerer Hitze und rühren Sie dabei gelegentlich um, bis sie gerade anfängt zu köcheln. Lassen Sie es nicht kochen.
d) Gießen Sie die heiße Sahnemischung langsam unter ständigem Rühren in die Kürbismischung.
e) Die Kürbismischung durch ein feinmaschiges Sieb in einen Krug oder eine Gießkanne abseihen, um eine glatte Konsistenz zu gewährleisten.
f) Verteilen Sie die Kürbismischung auf die Auflaufförmchen und füllen Sie diese fast bis zum Rand.
g) Erstellen Sie ein Wasserbad für die Pots de Crème, indem Sie die Auflaufform mit heißem Wasser füllen, bis es etwa bis zur Hälfte des Randes der Auflaufförmchen reicht.

h) Schieben Sie die Auflaufform vorsichtig in den vorgeheizten Ofen und backen Sie die Pots de Crème etwa 30 bis 35 Minuten lang oder bis die Ränder fest sind, die Mitte jedoch noch leicht wackelt.

i) Nehmen Sie die Auflaufförmchen aus dem Wasserbad und lassen Sie sie auf Raumtemperatur abkühlen. Decken Sie dann jede Auflaufform mit Plastikfolie ab und stellen Sie sie mindestens 4 Stunden oder vorzugsweise über Nacht in den Kühlschrank, damit sie abkühlen und fest werden kann.

j) Anleitung für Ahorn-Schlagsahne:

k) In einer gekühlten Rührschüssel die Sahne, den reinen Ahornsirup und den Vanilleextrakt vermischen.

l) Schlagen Sie die Mischung mit einem Elektromixer oder einem Schneebesen bei mittlerer bis hoher Geschwindigkeit, bis sich steife Spitzen bilden.

m) Zusammenstellen des Pumpkin Pot de Crème

n) Sobald die Pots de Crème abgekühlt und fest geworden sind, geben Sie jeweils einen großzügigen Klecks Ahornsahne darauf.

o) Optional können Sie für zusätzlichen Geschmack und Präsentation eine Prise gemahlenen Zimt oder Muskat darüber streuen.

p) Servieren und genießen Sie den köstlichen Kürbis-Pot de Crème mit Ahorn-Schlagsahne als köstliches, vom Herbst inspiriertes Dessert!

79. Zitronen-Lorbeer-Creme Pot de Crème

ZUTATEN:
- 1 Tasse Sahne
- 1 Tasse Vollmilch
- 4 Eigelb
- ½ Tasse Kristallzucker
- Schale von 2 Zitronen
- 1 Lorbeerblatt

ANWEISUNGEN:

a) Heizen Sie Ihren Backofen auf 325 °F (160 °C) vor.

b) In einem Topf Sahne, Milch, Zitronenschale und Lorbeerblatt bei mittlerer Hitze erhitzen, bis es zu köcheln beginnt. Vom Herd nehmen und das Lorbeerblatt etwa 10 Minuten ziehen lassen.

c) Das Lorbeerblatt aus der Sahnemischung entfernen und wegwerfen.

d) In einer separaten Schüssel Eigelb und Zucker verrühren, bis alles gut vermischt ist.

e) Gießen Sie die aufgegossene Sahnemischung langsam unter ständigem Rühren in die Eigelbmischung.

f) Verteilen Sie die Mischung auf Auflaufförmchen oder ofenfeste Schüsseln.

g) Legen Sie die Auflaufförmchen in eine Auflaufform und füllen Sie die Form mit heißem Wasser, bis es bis zur Hälfte des Randes der Auflaufförmchen reicht.

h) Etwa 35–40 Minuten backen, oder bis die Creme fest, aber in der Mitte noch leicht wackelig ist.

i) Nehmen Sie die Auflaufförmchen aus dem Wasserbad und lassen Sie sie auf Raumtemperatur abkühlen. Anschließend mindestens 2 Stunden oder über Nacht in den Kühlschrank stellen.

80. Kardamom Pot de Crème

ZUTATEN:
- 2 Tassen Sahne
- ½ Tasse Kristallzucker
- 1 Teelöffel gemahlener Kardamom
- 6 große Eigelb
- ½ Teelöffel Vanilleextrakt

ANWEISUNGEN:
a) Heizen Sie Ihren Backofen auf 325 °F (160 °C) vor. Legen Sie sechs Auflaufförmchen in eine Auflaufform.

b) In einem Topf die Sahne und den Kristallzucker bei mittlerer Hitze erhitzen, bis es zu köcheln beginnt. Vom Herd nehmen und gemahlenen Kardamom und Vanilleextrakt unterrühren.

c) In einer Rührschüssel die Eigelbe verquirlen, bis alles gut vermischt ist. Die Sahnemischung langsam unter ständigem Rühren in die Eigelbe gießen.

d) Verteilen Sie die Mischung gleichmäßig auf die Auflaufförmchen. Stellen Sie die Auflaufform mit den Auflaufförmchen auf den Ofenrost und gießen Sie vorsichtig heißes Wasser in die Auflaufform, bis es etwa bis zur Hälfte des Randes der Auflaufförmchen reicht.

e) Etwa 35–40 Minuten backen oder bis die Ränder fest sind, die Mitte aber noch leicht wackelt.

f) Nehmen Sie die Auflaufförmchen aus dem Wasserbad und lassen Sie sie auf Raumtemperatur abkühlen. Anschließend für mindestens 2 Stunden in den Kühlschrank stellen oder bis es vollständig abgekühlt ist.

81. Ingwer Pot de Crème

ZUTATEN:
- 2 Tassen Sahne
- ½ Tasse Kristallzucker
- 1 Esslöffel frisch geriebener Ingwer
- 6 große Eigelb
- ½ Teelöffel Vanilleextrakt

ANWEISUNGEN:

a) Heizen Sie Ihren Backofen auf 325 °F (160 °C) vor. Legen Sie sechs Auflaufförmchen in eine Auflaufform.

b) In einem Topf die Sahne und den Kristallzucker bei mittlerer Hitze erhitzen, bis es zu köcheln beginnt. Vom Herd nehmen und frisch geriebenen Ingwer und Vanilleextrakt unterrühren.

c) In einer Rührschüssel die Eigelbe verquirlen, bis alles gut vermischt ist. Die Sahnemischung langsam unter ständigem Rühren in die Eigelbe gießen.

d) Verteilen Sie die Mischung gleichmäßig auf die Auflaufförmchen. Stellen Sie die Auflaufform mit den Auflaufförmchen auf den Ofenrost und gießen Sie vorsichtig heißes Wasser in die Auflaufform, bis es etwa bis zur Hälfte des Randes der Auflaufförmchen reicht.

e) Etwa 35–40 Minuten backen oder bis die Ränder fest sind, die Mitte aber noch leicht wackelt.

f) Nehmen Sie die Auflaufförmchen aus dem Wasserbad und lassen Sie sie auf Raumtemperatur abkühlen. Anschließend für mindestens 2 Stunden in den Kühlschrank stellen oder bis es vollständig abgekühlt ist.

82. Minz-Pot de Crème

ZUTATEN:
- 2 Tassen Sahne
- ½ Tasse Kristallzucker
- ¼ Tasse frische Minzblätter, gehackt
- 6 große Eigelb
- ½ Teelöffel Vanilleextrakt

ANWEISUNGEN:

a) Heizen Sie Ihren Backofen auf 325 °F (160 °C) vor. Legen Sie sechs Auflaufförmchen in eine Auflaufform.

b) In einem Topf die Sahne und den Kristallzucker bei mittlerer Hitze erhitzen, bis es zu köcheln beginnt. Vom Herd nehmen und die frischen Minzblätter und den Vanilleextrakt unterrühren.

c) In einer Rührschüssel die Eigelbe verquirlen, bis alles gut vermischt ist. Die Sahnemischung langsam unter ständigem Rühren in die Eigelbe gießen.

d) Verteilen Sie die Mischung gleichmäßig auf die Auflaufförmchen. Stellen Sie die Auflaufform mit den Auflaufförmchen auf den Ofenrost und gießen Sie vorsichtig heißes Wasser in die Auflaufform, bis es etwa bis zur Hälfte des Randes der Auflaufförmchen reicht.

e) Etwa 35–40 Minuten backen oder bis die Ränder fest sind, die Mitte aber noch leicht wackelt.

f) Nehmen Sie die Auflaufförmchen aus dem Wasserbad und lassen Sie sie auf Raumtemperatur abkühlen. Anschließend für mindestens 2 Stunden in den Kühlschrank stellen oder bis es vollständig abgekühlt ist.

83. Rosmarin Pot de Crème

ZUTATEN:
- 2 Tassen Sahne
- ½ Tasse Kristallzucker
- 1 Esslöffel frische Rosmarinblätter, gehackt
- 6 große Eigelb
- ½ Teelöffel Vanilleextrakt

ANWEISUNGEN:

a) Heizen Sie Ihren Backofen auf 325 °F (160 °C) vor. Legen Sie sechs Auflaufförmchen in eine Auflaufform.

b) In einem Topf die Sahne und den Kristallzucker bei mittlerer Hitze erhitzen, bis es zu köcheln beginnt. Vom Herd nehmen und die frischen Rosmarinblätter und den Vanilleextrakt unterrühren.

c) In einer Rührschüssel die Eigelbe verquirlen, bis alles gut vermischt ist. Die Sahnemischung langsam unter ständigem Rühren in die Eigelbe gießen.

d) Verteilen Sie die Mischung gleichmäßig auf die Auflaufförmchen. Stellen Sie die Auflaufform mit den Auflaufförmchen auf den Ofenrost und gießen Sie vorsichtig heißes Wasser in die Auflaufform, bis es etwa bis zur Hälfte des Randes der Auflaufförmchen reicht.

e) Etwa 35–40 Minuten backen oder bis die Ränder fest sind, die Mitte aber noch leicht wackelt.

f) Nehmen Sie die Auflaufförmchen aus dem Wasserbad und lassen Sie sie auf Raumtemperatur abkühlen. Anschließend für mindestens 2 Stunden in den Kühlschrank stellen oder bis es vollständig abgekühlt ist.

84. Sternanis Pot de Crème

ZUTATEN:
- 2 Tassen Sahne
- ½ Tasse Kristallzucker
- 2-3 Sternaniskapseln
- 6 große Eigelb
- ½ Teelöffel Vanilleextrakt

ANWEISUNGEN:

a) Heizen Sie Ihren Backofen auf 325 °F (160 °C) vor. Legen Sie sechs Auflaufförmchen in eine Auflaufform.

b) In einem Topf die Sahne und den Kristallzucker bei mittlerer Hitze erhitzen, bis es zu köcheln beginnt. Vom Herd nehmen und die Sternanisschoten hinzufügen. Etwa 15 Minuten ziehen lassen.

c) Nach dem Einweichen die Sternanisschoten aus der Sahnemischung entfernen.

d) In einer Rührschüssel die Eigelbe verquirlen, bis alles gut vermischt ist. Die Sahnemischung langsam unter ständigem Rühren in die Eigelbe gießen.

e) Verteilen Sie die Mischung gleichmäßig auf die Auflaufförmchen. Stellen Sie die Auflaufform mit den Auflaufförmchen auf den Ofenrost und gießen Sie vorsichtig heißes Wasser in die Auflaufform, bis es etwa bis zur Hälfte des Randes der Auflaufförmchen reicht.

f) Etwa 35–40 Minuten backen oder bis die Ränder fest sind, die Mitte aber noch leicht wackelt.

g) Nehmen Sie die Auflaufförmchen aus dem Wasserbad und lassen Sie sie auf Raumtemperatur abkühlen. Anschließend für mindestens 2 Stunden in den Kühlschrank stellen oder bis es vollständig abgekühlt ist.

85. Zimt Pot de Crème

ZUTATEN:
- 2 Tassen Sahne
- ½ Tasse Kristallzucker
- 1 Teelöffel gemahlener Zimt
- 6 große Eigelb
- ½ Teelöffel Vanilleextrakt

ANWEISUNGEN:

a) Heizen Sie Ihren Backofen auf 325 °F (160 °C) vor. Legen Sie sechs Auflaufförmchen in eine Auflaufform.

b) In einem Topf die Sahne und den Kristallzucker bei mittlerer Hitze erhitzen, bis es zu köcheln beginnt. Vom Herd nehmen und den gemahlenen Zimt und das Vanilleextrakt unterrühren.

c) In einer Rührschüssel die Eigelbe verquirlen, bis alles gut vermischt ist. Die Sahnemischung langsam unter ständigem Rühren in die Eigelbe gießen.

d) Verteilen Sie die Mischung gleichmäßig auf die Auflaufförmchen. Stellen Sie die Auflaufform mit den Auflaufförmchen auf den Ofenrost und gießen Sie vorsichtig heißes Wasser in die Auflaufform, bis es etwa bis zur Hälfte des Randes der Auflaufförmchen reicht.

e) Etwa 35–40 Minuten backen oder bis die Ränder fest sind, die Mitte aber noch leicht wackelt.

f) Nehmen Sie die Auflaufförmchen aus dem Wasserbad und lassen Sie sie auf Raumtemperatur abkühlen. Anschließend für mindestens 2 Stunden in den Kühlschrank stellen oder bis es vollständig abgekühlt ist.

KÖRNER BRÛLÉE

86. Schottischer Haferflocken-Pot de Crème

ZUTATEN:
- 1 Tasse schottischer Hafer (Stahlhafer)
- 3 Tassen Wasser
- 1 Tasse fettarme Milch (oder Pflanzenmilch)
- ¼ Tasse brauner Zucker
- 1 Teelöffel Vanilleextrakt
- ½ Teelöffel gemahlener Zimt
- Prise Salz
- 2 Teelöffel Turbinadozucker (oder grober Zucker)

ANWEISUNGEN:
a) In einem Topf das Wasser zum Kochen bringen. Fügen Sie die schottischen Haferflocken hinzu und reduzieren Sie die Hitze auf eine niedrige Stufe. Unter gelegentlichem Rühren etwa 20–25 Minuten köcheln lassen, bis die Haferflocken weich sind und das meiste Wasser aufgesogen haben.
b) Milch, braunen Zucker, Vanilleextrakt, gemahlenen Zimt und Salz einrühren. Unter häufigem Rühren weitere 5–10 Minuten kochen lassen, bis die Mischung eine cremige Konsistenz hat.
c) Heizen Sie Ihren Grill vor.
d) Verteilen Sie die Haferflockenmischung auf vier ofenfeste Auflaufförmchen oder Schüsseln.
e) Streuen Sie etwa einen halben Teelöffel Turbinado-Zucker gleichmäßig über die Oberfläche jeder Auflaufform.
f) Legen Sie die Auflaufförmchen auf ein Backblech und braten Sie sie 2-3 Minuten lang oder bis der Zucker schmilzt und karamellisiert und eine goldbraune Kruste entsteht.
g) Vom Grill nehmen und den Scottish Oatmeal Pot de Crème vor dem Servieren einige Minuten abkühlen lassen.
h) Servieren Sie den Oatmeal Pot de Crème warm und genießen Sie den wohligen Geschmack von Hafer und Gewürzen mit einer herrlich knusprigen karamellisierten Oberfläche.

87. Zuckermaiscreme Pot de Crème

ZUTATEN:
- 1-½ Tassen gefrorener Mais, aufgetaut
- 4 ½ Teelöffel Butter
- 3 Tassen schwere Schlagsahne
- 1 Tasse 2 % Milch
- 8 große Eigelb
- 1¼ Tassen Zucker
- 2 Esslöffel Vanilleextrakt
- Frische Himbeeren und Minzblätter

ANWEISUNGEN:
a) Mais in Butter in einem großen Topf anbraten, bis er weich ist. geringere Hitze. Milch und Sahne hinzufügen; erhitzen, bis sich an den Seiten der Pfanne Blasen bilden. Etwas cool. In den Mixer geben; Abdeckung. Zu einer glatten Masse verarbeiten. Beanspruchung; Maisbrei wegwerfen. In die Pfanne geben.
b) 1 ¼ Tassen Zucker und Eigelb in einer kleinen Schüssel verquirlen. Eine kleine Menge heiße Sahne unter die Eimischung mischen; Geben Sie alles unter ständigem Rühren wieder in die Pfanne. Vanille untermischen.
c) In 6 Unzen füllen. Auflaufförmchen. In die Backform geben; Zum Schwenken 1 Zoll hinzufügen. kochendes Wasser.
d) Bei 325° ohne Deckel 40–45 Minuten backen, bis die Mitte gerade fest geworden ist.
e) Förmchen aus dem Wasserbad nehmen und 10 Minuten abkühlen lassen.
f) Abdeckung; mindestens 4 Stunden im Kühlschrank lagern.

88. Reispudding Pot de Crème

ZUTATEN:
- 1 Tasse gekochter Reis
- 2 Tassen Vollmilch
- ¼ Tasse Kristallzucker
- 1 Teelöffel Vanilleextrakt
- ¼ Teelöffel gemahlener Zimt
- ¼ Teelöffel gemahlene Muskatnuss
- 4 Eigelb

ANWEISUNGEN:
a) Heizen Sie Ihren Backofen auf 325 °F (160 °C) vor.
b) In einem Topf den gekochten Reis, Milch, Zucker, Vanilleextrakt, Zimt und Muskatnuss vermischen. Bei mittlerer Hitze unter gelegentlichem Rühren kochen, bis die Mischung leicht eindickt.
c) In einer separaten Schüssel die Eigelbe verquirlen, bis alles gut vermischt ist.
d) Gießen Sie die heiße Reismischung langsam unter ständigem Rühren in die Eigelbe.
e) Verteilen Sie die Mischung auf Auflaufförmchen oder ofenfeste Schüsseln.
f) Legen Sie die Auflaufförmchen in eine Auflaufform und füllen Sie die Form mit heißem Wasser, bis es bis zur Hälfte des Randes der Auflaufförmchen reicht.
g) Etwa 40–45 Minuten backen, oder bis die Creme fest ist.
h) Nehmen Sie die Auflaufförmchen aus dem Wasserbad und lassen Sie sie auf Raumtemperatur abkühlen. Anschließend mindestens 2 Stunden oder über Nacht in den Kühlschrank stellen.

VERRÜCKT

89. Pistazien-Rosen-Pot de Crème

ZUTATEN:

- 2 Tassen Sahne
- ½ Tasse geschälte Pistazien
- ¼ Tasse Kristallzucker
- 6 große Eigelb
- 1 Teelöffel Rosenwasser
- 1 Tropfen rosa Lebensmittelfarbe (optional)
- Zerkleinerte Pistazien zum Garnieren

ANWEISUNGEN:

a) In einem Topf die Sahne und die geschälten Pistazien erhitzen, bis sie köcheln.
b) Vom Herd nehmen und 30 Minuten ziehen lassen.
c) Mahlen Sie die Pistazien in einer Küchenmaschine oder einem Mixer, bis sie fein gehackt sind.
d) Die mit Pistazien angereicherte Sahne wieder in den Topf geben und die gemahlenen Pistazien und den Zucker hinzufügen. Erhitzen, bis sich der Zucker auflöst.
e) In einer separaten Schüssel Eigelb und Rosenwasser verrühren, bis alles gut vermischt ist.
f) Die heiße Pistazien-Sahne-Mischung langsam unter ständigem Rühren in die Eigelbe gießen.
g) Falls gewünscht, einen Tropfen rosa Lebensmittelfarbe einrühren, um einen rosigen Farbton zu erhalten.
h) Gießen Sie die Mischung in einzelne Pots de Creme-Becher und stellen Sie sie vor dem Servieren mindestens 4 Stunden lang in den Kühlschrank.
i) Vor dem Servieren mit zerstoßenen Pistazien garnieren.

90. Honig-Nuss-Pot de Crème

ZUTATEN:
- 2 Tassen Sahne
- ½ Tasse Honig
- 6 große Eigelb
- 1 Teelöffel Vanilleextrakt
- ½ Tasse gehackte Nüsse (wie Mandeln, Walnüsse oder Haselnüsse)

ANWEISUNGEN:
a) In einem Topf Sahne und Honig erhitzen, bis es zu köcheln beginnt.
b) Die gehackten Nüsse unterrühren.
c) Vom Herd nehmen und 20 Minuten ziehen lassen.
d) In einer separaten Schüssel Eigelb und Vanilleextrakt verrühren, bis alles gut vermischt ist.
e) Gießen Sie die heiße, mit Honig und Nüssen angereicherte Sahnemischung langsam unter ständigem Rühren in die Eigelbe.
f) Gießen Sie die Mischung in einzelne Pots de Creme-Becher und stellen Sie sie vor dem Servieren mindestens 3 Stunden lang in den Kühlschrank.

91. Haselnuss Pot de Crème

ZUTATEN:
- 1 Tasse Sahne
- 1 Tasse Vollmilch
- ½ Tasse geröstete Haselnüsse, fein gemahlen
- ¼ Tasse Kristallzucker
- 4 große Eigelb
- 1 Teelöffel Vanilleextrakt

ANWEISUNGEN:
a) Heizen Sie Ihren Backofen auf 325 °F (160 °C) vor.
b) In einem Topf Sahne, Vollmilch und gemahlene Haselnüsse vermischen. Bei mittlerer bis niedriger Hitze erhitzen, bis es anfängt zu köcheln. Vom Herd nehmen und etwa 15–20 Minuten ziehen lassen.
c) Die mit Haselnüssen angereicherte Sahnemischung durch ein feinmaschiges Sieb passieren, um die Haselnussfeststoffe zu entfernen.
d) In einer Rührschüssel Kristallzucker und Eigelb verrühren, bis alles gut vermischt ist.
e) Gießen Sie die warme, mit Haselnüssen angereicherte Sahnemischung langsam unter ständigem Rühren in die Eigelbmischung.
f) Den Vanilleextrakt einrühren.
g) Verteilen Sie die Mischung auf die Töpfe oder Auflaufförmchen.
h) Stellen Sie die Töpfe oder Auflaufförmchen in eine Auflaufform und füllen Sie die Auflaufform mit heißem Wasser, um ein Wasserbad zu erzeugen.
i) Etwa 30–35 Minuten backen, bis die Ränder fest sind, die Mitte aber noch leicht wackelig ist.
j) Nehmen Sie sie aus dem Ofen und lassen Sie sie auf Raumtemperatur abkühlen, bevor Sie sie für mindestens 2 Stunden oder bis sie vollständig fest sind im Kühlschrank abkühlen lassen.

92. Mandel Pot de Crème

ZUTATEN:
- 1 Tasse Sahne
- 1 Tasse Vollmilch
- ½ Tasse gemahlene Mandeln
- ¼ Tasse Kristallzucker
- 4 große Eigelb
- 1 Teelöffel Mandelextrakt
- Mandelblättchen zum Garnieren (optional)

ANWEISUNGEN:

a) Heizen Sie den Ofen auf 325 °F (160 °C) vor. Halten Sie vier Auflaufförmchen oder kleine ofenfeste Tassen bereit.

b) In einem Topf Sahne, Vollmilch, gemahlene Mandeln und Kristallzucker vermischen. Die Mischung bei mittlerer Hitze unter ständigem Rühren erhitzen, bis sie fast köchelt. Lassen Sie es nicht kochen.

c) In einer separaten Schüssel das Eigelb glatt rühren.

d) Gießen Sie die erhitzte Sahnemischung langsam in die Schüssel mit den Eigelben und rühren Sie dabei ständig um, damit die Eier nicht gerinnen.

e) Den Mandelextrakt einrühren, um den Mandelgeschmack zu verstärken.

f) Die Mischung durch ein feinmaschiges Sieb passieren, um Klumpen und Feststoffe zu entfernen.

g) Verteilen Sie die passierte Mischung gleichmäßig auf die Auflaufförmchen in einer Auflaufform.

h) Erstellen Sie ein Wasserbad für die Auflaufförmchen, indem Sie die Auflaufform mit heißem Wasser füllen und darauf achten, dass es etwa bis zur Hälfte des Randes der Auflaufförmchen reicht.

i) Schieben Sie die Auflaufform mit den Auflaufförmchen vorsichtig auf die mittlere Schiene des Ofens.

j) Etwa 30–35 Minuten backen oder bis die Ränder des Pot de Crème fest sind, die Mitte jedoch leicht wackelig bleibt.

k) Nehmen Sie die Auflaufform aus dem Ofen und heben Sie die Förmchen vorsichtig aus dem Wasserbad. Lassen Sie sie auf Raumtemperatur abkühlen.

l) Nach dem Abkühlen jede Auflaufform mit Plastikfolie abdecken und mindestens 4 Stunden oder besser über Nacht in den Kühlschrank stellen, damit sich die Aromen vermischen und der Pot de Crème fest wird.

m) Kurz vor dem Servieren garnieren Sie jeden Mandel-Pot de Crème mit einer Prise gehobelter Mandeln, um ihm mehr Konsistenz und Optik zu verleihen.

n) Kühl servieren und die reichhaltige, cremige und nussige Köstlichkeit des Almond Pot de Crème genießen!

93. Walnuss Pot de Crème

ZUTATEN:
- 1 Tasse Sahne
- 1 Tasse Vollmilch
- ½ Tasse gemahlene Walnüsse
- ¼ Tasse Kristallzucker
- 4 große Eigelb
- 1 Teelöffel Vanilleextrakt
- Gehackte geröstete Walnüsse zum Garnieren (optional)

ANWEISUNGEN:

a) Heizen Sie den Ofen auf 325 °F (160 °C) vor. Bereiten Sie vier Auflaufförmchen oder kleine ofenfeste Tassen vor.
b) In einem Topf Sahne, Vollmilch, gemahlene Walnüsse und Kristallzucker vermischen. Die Mischung bei mittlerer Hitze unter ständigem Rühren erhitzen, bis sie fast köchelt. Lassen Sie es nicht kochen.
c) In einer separaten Schüssel das Eigelb glatt rühren.
d) Gießen Sie die erhitzte Sahnemischung langsam in die Schüssel mit den Eigelben und rühren Sie dabei ständig um, damit die Eier nicht gerinnen.
e) Den Vanilleextrakt einrühren, um den Geschmack zu verstärken.
f) Die Mischung durch ein feinmaschiges Sieb passieren, um Klumpen oder feste Partikel zu entfernen.
g) Verteilen Sie die passierte Mischung gleichmäßig auf die Auflaufförmchen in einer Auflaufform.
h) Erstellen Sie ein Wasserbad für die Auflaufförmchen, indem Sie heißes Wasser in die Auflaufform gießen und darauf achten, dass es etwa bis zur Hälfte des Randes der Auflaufförmchen reicht.
i) Schieben Sie die Auflaufform mit den Auflaufförmchen vorsichtig auf die mittlere Schiene des Ofens.
j) Etwa 30–35 Minuten backen oder bis die Ränder des Pot de Crème fest sind, die Mitte jedoch leicht wackelig bleibt.
k) Nehmen Sie die Auflaufform aus dem Ofen und heben Sie die Förmchen vorsichtig aus dem Wasserbad. Lassen Sie sie auf Raumtemperatur abkühlen.
l) Decken Sie jede Auflaufform nach dem Abkühlen mit Plastikfolie ab und stellen Sie sie mindestens 4 Stunden oder besser über Nacht in den Kühlschrank. Dadurch können sich die Aromen vermischen und der Pot de Crème fest werden.
m) Kurz vor dem Servieren garnieren Sie jeden Walnuss-Pot de Crème mit gehackten gerösteten Walnüssen für einen herrlich knusprigen und nussigen Geschmack.
n) Servieren Sie es gekühlt und genießen Sie die cremige Köstlichkeit mit der erdigen Fülle von Walnüssen in diesem köstlichen Dessert!

94. Pekannuss Pot de Crème

ZUTATEN:
- 1 Tasse Sahne
- 1 Tasse Vollmilch
- ½ Tasse gemahlene Pekannüsse
- ¼ Tasse Kristallzucker
- 4 große Eigelb
- 1 Teelöffel Vanilleextrakt
- Pekannusshälften zum Garnieren (optional)

ANWEISUNGEN:

a) Heizen Sie den Ofen auf 325 °F (160 °C) vor. Bereiten Sie vier Auflaufförmchen oder kleine ofenfeste Tassen vor.

b) In einem Topf Sahne, Vollmilch, gemahlene Pekannüsse und Kristallzucker vermischen. Die Mischung bei mittlerer Hitze unter ständigem Rühren erhitzen, bis sie fast köchelt. Vermeiden Sie es, die Mischung zu kochen.

c) In einer separaten Schüssel das Eigelb glatt rühren.

d) Gießen Sie die erhitzte Sahnemischung langsam in die Schüssel mit den Eigelben und rühren Sie dabei ständig um, damit die Eier nicht gerinnen.

e) Den Vanilleextrakt einrühren, um den Geschmack zu verstärken.

f) Die Mischung durch ein feinmaschiges Sieb passieren, um Klumpen oder feste Partikel zu entfernen.

g) Verteilen Sie die passierte Mischung gleichmäßig auf die Auflaufförmchen in einer Auflaufform.

h) Erstellen Sie ein Wasserbad für die Auflaufförmchen, indem Sie heißes Wasser in die Auflaufform gießen und darauf achten, dass es etwa bis zur Hälfte des Randes der Auflaufförmchen reicht.

i) Schieben Sie die Auflaufform mit den Auflaufförmchen vorsichtig auf die mittlere Schiene des Ofens.

j) Etwa 30–35 Minuten backen oder bis die Ränder des Pot de Crème fest sind, die Mitte jedoch leicht wackelig bleibt.

k) Nehmen Sie die Auflaufform aus dem Ofen und heben Sie die Förmchen vorsichtig aus dem Wasserbad. Lassen Sie sie auf Raumtemperatur abkühlen.

l) Decken Sie jede Auflaufform nach dem Abkühlen mit Plastikfolie ab und stellen Sie sie mindestens 4 Stunden oder besser über Nacht in den Kühlschrank. Dadurch können sich die Aromen vermischen und der Pot de Crème fest werden.

m) Kurz vor dem Servieren garnieren Sie jeden Pekannuss-Pot de Crème mit Pekannusshälften für eine attraktive Präsentation und eine nussige Note.

n) Servieren Sie es gekühlt und genießen Sie das cremige, mit Pekannuss angereicherte Dessert, das Ihren Gaumen begeistern wird!

95. Mandel-Schokoladen-Pot de Crème

ZUTATEN:
- 1 Tasse Sahne
- 1 Tasse Vollmilch
- 4 Eigelb
- ½ Tasse Kristallzucker
- 2 Unzen bittersüße Schokolade, fein gehackt
- ¼ Teelöffel Mandelextrakt

ANWEISUNGEN:
a) Heizen Sie Ihren Backofen auf 325 °F (160 °C) vor.
b) In einem Topf Sahne, Vollmilch und Mandelextrakt bei mittlerer Hitze erhitzen, bis es zu köcheln beginnt. Vom Herd nehmen.
c) In einer separaten Schüssel Eigelb und Zucker verrühren, bis alles gut vermischt ist.
d) Gießen Sie die heiße Sahnemischung langsam unter ständigem Rühren in die Eigelbmischung.
e) Geben Sie die gehackte Zartbitterschokolade zur Puddingmischung und rühren Sie, bis die Schokolade vollständig geschmolzen und eingearbeitet ist.
f) Verteilen Sie die Mischung auf Auflaufförmchen oder ofenfeste Schüsseln.
g) Legen Sie die Auflaufförmchen in eine Auflaufform und füllen Sie die Form mit heißem Wasser, bis es bis zur Hälfte des Randes der Auflaufförmchen reicht.
h) Etwa 35–40 Minuten backen, oder bis die Creme fest, aber in der Mitte noch leicht wackelig ist.
i) Nehmen Sie die Auflaufförmchen aus dem Wasserbad und lassen Sie sie auf Raumtemperatur abkühlen. Anschließend mindestens 2 Stunden oder über Nacht in den Kühlschrank stellen.

96. Nussiger Käse-Pot de Crème

ZUTATEN:
- 1 Tasse Sahne
- 1 Tasse Vollmilch
- ½ Tasse Kristallzucker
- 1 Teelöffel Vanilleextrakt
- 4 große Eigelb
- ½ Tasse geriebener nussiger Käse (z. B. Gruyère oder Schweizer Käse)

ANWEISUNGEN:
a) Heizen Sie Ihren Backofen auf 300 °F (150 °C) vor. Vier Auflaufförmchen in eine Auflaufform geben und beiseite stellen.
b) In einem Topf Sahne, Vollmilch, Kristallzucker und Vanilleextrakt vermischen. Bei mittlerer bis niedriger Hitze unter gelegentlichem Rühren erhitzen, bis es köchelt. Vom Herd nehmen und den geriebenen Nusskäse unterrühren, bis er geschmolzen und glatt ist.
c) In einer separaten Schüssel das Eigelb verquirlen, bis es hell und leicht eingedickt ist.
d) Gießen Sie die heiße Sahnemischung langsam in das Eigelb und rühren Sie dabei ständig um, um ein Gerinnen zu vermeiden.
e) Verteilen Sie die Vanillepuddingmischung auf die vier Auflaufförmchen. Füllen Sie die Auflaufform bis zur Hälfte des Randes der Auflaufförmchen mit heißem Wasser, sodass ein Wasserbad entsteht.
f) 35–40 Minuten backen oder bis die Ränder fest sind, die Mitte aber noch leicht wackelt.
g) Nehmen Sie die Auflaufförmchen aus dem Wasserbad und lassen Sie sie auf Raumtemperatur abkühlen. Dann mindestens 2 Stunden lang in den Kühlschrank stellen oder bis es abgekühlt und fest geworden ist.

97. Haselnuss Pot de Crème

ZUTATEN:
- 2 Tassen Sahne
- ½ Tasse Kristallzucker
- ½ Tasse geröstete Haselnüsse, fein gehackt
- 6 große Eigelb
- 1 Teelöffel Vanilleextrakt

ANWEISUNGEN:
a) Heizen Sie Ihren Backofen auf 325 °F (160 °C) vor. Legen Sie sechs Auflaufförmchen in eine Auflaufform.
b) In einem Topf die Sahne und den Kristallzucker bei mittlerer Hitze erhitzen, bis es zu köcheln beginnt. Vom Herd nehmen und die fein gehackten Haselnüsse und den Vanilleextrakt unterrühren.
c) In einer Rührschüssel die Eigelbe verquirlen, bis alles gut vermischt ist. Die Sahnemischung langsam unter ständigem Rühren in die Eigelbe gießen.
d) Verteilen Sie die Mischung gleichmäßig auf die Auflaufförmchen. Stellen Sie die Auflaufform mit den Auflaufförmchen auf den Ofenrost und gießen Sie vorsichtig heißes Wasser in die Auflaufform, bis es etwa bis zur Hälfte des Randes der Auflaufförmchen reicht.
e) Etwa 35–40 Minuten backen oder bis die Ränder fest sind, die Mitte aber noch leicht wackelt.
f) Nehmen Sie die Auflaufförmchen aus dem Wasserbad und lassen Sie sie auf Raumtemperatur abkühlen. Anschließend für mindestens 2 Stunden in den Kühlschrank stellen oder bis es vollständig abgekühlt ist.

98. Pistazien Pot de Crème

ZUTATEN:
- 2 Tassen Sahne
- ½ Tasse Kristallzucker
- ½ Tasse fein gemahlene Pistazien
- 6 große Eigelb
- 1 Teelöffel Vanilleextrakt

ANWEISUNGEN:
a) Heizen Sie Ihren Backofen auf 325 °F (160 °C) vor. Legen Sie sechs Auflaufförmchen in eine Auflaufform.
b) In einem Topf die Sahne und den Kristallzucker bei mittlerer Hitze erhitzen, bis es zu köcheln beginnt. Vom Herd nehmen und die fein gemahlenen Pistazien und den Vanilleextrakt unterrühren.
c) In einer Rührschüssel die Eigelbe verquirlen, bis alles gut vermischt ist. Die Sahnemischung langsam unter ständigem Rühren in die Eigelbe gießen.
d) Verteilen Sie die Mischung gleichmäßig auf die Auflaufförmchen. Stellen Sie die Auflaufform mit den Auflaufförmchen auf den Ofenrost und gießen Sie vorsichtig heißes Wasser in die Auflaufform, bis es etwa bis zur Hälfte des Randes der Auflaufförmchen reicht.
e) Etwa 35–40 Minuten backen oder bis die Ränder fest sind, die Mitte aber noch leicht wackelt.
f) Nehmen Sie die Auflaufförmchen aus dem Wasserbad und lassen Sie sie auf Raumtemperatur abkühlen. Anschließend für mindestens 2 Stunden in den Kühlschrank stellen oder bis es vollständig abgekühlt ist.

99. Walnuss Pot de Crème

ZUTATEN:
- 2 Tassen Sahne
- ½ Tasse Kristallzucker
- ½ Tasse fein gehackte Walnüsse
- 6 große Eigelb
- 1 Teelöffel Vanilleextrakt

ANWEISUNGEN:

a) Heizen Sie Ihren Backofen auf 325 °F (160 °C) vor. Legen Sie sechs Auflaufförmchen in eine Auflaufform.

b) In einem Topf die Sahne und den Kristallzucker bei mittlerer Hitze erhitzen, bis es zu köcheln beginnt. Vom Herd nehmen und die fein gehackten Walnüsse und den Vanilleextrakt unterrühren.

c) In einer Rührschüssel die Eigelbe verquirlen, bis alles gut vermischt ist. Die Sahnemischung langsam unter ständigem Rühren in die Eigelbe gießen.

d) Verteilen Sie die Mischung gleichmäßig auf die Auflaufförmchen. Stellen Sie die Auflaufform mit den Auflaufförmchen auf den Ofenrost und gießen Sie vorsichtig heißes Wasser in die Auflaufform, bis es etwa bis zur Hälfte des Randes der Auflaufförmchen reicht.

e) Etwa 35–40 Minuten backen oder bis die Ränder fest sind, die Mitte aber noch leicht wackelt.

f) Nehmen Sie die Auflaufförmchen aus dem Wasserbad und lassen Sie sie auf Raumtemperatur abkühlen. Anschließend für mindestens 2 Stunden in den Kühlschrank stellen oder bis es vollständig abgekühlt ist.

100. Pekannuss Pot de Crème

ZUTATEN:
- 2 Tassen Sahne
- ½ Tasse Kristallzucker
- ½ Tasse fein gehackte Pekannüsse
- 6 große Eigelb
- 1 Teelöffel Vanilleextrakt

ANWEISUNGEN:
a) Heizen Sie Ihren Backofen auf 325 °F (160 °C) vor. Legen Sie sechs Auflaufförmchen in eine Auflaufform.
b) In einem Topf die Sahne und den Kristallzucker bei mittlerer Hitze erhitzen, bis es zu köcheln beginnt. Vom Herd nehmen und die fein gehackten Pekannüsse und den Vanilleextrakt unterrühren.
c) In einer Rührschüssel die Eigelbe verquirlen, bis alles gut vermischt ist. Die Sahnemischung langsam unter ständigem Rühren in die Eigelbe gießen.
d) Verteilen Sie die Mischung gleichmäßig auf die Auflaufförmchen. Stellen Sie die Auflaufform mit den Auflaufförmchen auf den Ofenrost und gießen Sie vorsichtig heißes Wasser in die Auflaufform, bis es etwa bis zur Hälfte des Randes der Auflaufförmchen reicht.
e) Etwa 35–40 Minuten backen oder bis die Ränder fest sind, die Mitte aber noch leicht wackelt.
f) Nehmen Sie die Auflaufförmchen aus dem Wasserbad und lassen Sie sie auf Raumtemperatur abkühlen. Anschließend für mindestens 2 Stunden in den Kühlschrank stellen oder bis es vollständig abgekühlt ist.

ABSCHLUSS

Da wir am Ende unserer Reise durch die Welt des TOPF MIT SAHNEKREATIONEN angelangt sind, hoffen wir, dass dieses Kochbuch Ihnen ein Gefühl kulinarischer Vollendung und eine neu entdeckte Wertschätzung für dieses köstliche Dessert vermittelt. Egal, ob Sie mit verschiedenen Geschmacksrichtungen experimentiert haben, die Früchte Ihrer Arbeit mit Freunden und der Familie geteilt oder einfach nur einen Moment des glückseligen Genusses genossen haben, wir sind davon überzeugt, dass Sie ein unvergessliches Erlebnis hatten.

Denken Sie daran, dass das Herzstück jedes TOPF MIT SAHNEKREATIONEN in der Leidenschaft und Liebe liegt, die Sie in Ihre Kreationen einfließen lassen. Erkunden Sie weiterhin die weite Welt der Desserts, lassen Sie Ihrer Fantasie freien Lauf und verleihen Sie jedem Gericht, das Sie zubereiten, Ihre persönliche Note.

Wir alle, die zu „TOPF MIT SAHNEKREATIONEN" beigetragen haben, möchten Ihnen, unseren Lesern, unseren herzlichsten Dank aussprechen. Ihre Begeisterung und Ihr Engagement für die Kochkunst inspirieren uns dazu, unsere Liebe zum Essen weiterzuentwickeln und zu teilen. Während Sie Ihre kulinarischen Abenteuer fortsetzen, möge Ihre Küche immer voller Freude, Lachen und natürlich dem unwiderstehlichen Duft von frisch gebackenem Pot de Crème sein.

Guten Appetit!

www.ingramcontent.com/pod-product-compliance
Lightning Source LLC
Chambersburg PA
CBHW071317110526
44591CB00010B/919